Gabriele Wahl-Merle

Lust auf mehr ... Mini Cakes

tosa

Inhalt

Marmorkuchen – der Klassiker schlechthin.

Die Philadelphia-Beeren-Torte ist genau das Richtige für heiße Sommertage.

Bäriger Kuchengenuss für die Kleinen.

Die Leni-Torte ist eine sahnige Köstlichkeit für Schokofans.

Lust auf kleine Kuchen und Torten

Was tut ein Single, wenn er einen Kuchen für sich selbst backen möchte? Entweder er backt den Kuchen und lädt alle Freunde ein (damit der Kuchen aufgegessen wird), oder er lässt das Kuchenbacken einfach sein.

Auch in Single- und Kleinhaushalten werden gern selbst gebackene Kuchen und Torten gegessen. Herkömmliche Backformen sind jedoch einfach zu groß. Daher ist dieses Buch speziell zum Backen mit kleinen Formen. Denn kleine Kuchen und Torten sind ideal. Wer gern Kuchen isst und auf Selbstgebackenes nicht verzichten möchte, kann mit kleinen Kuchen oder Torten die Kaffeetafel vielseitig und abwechslungsreich gestalten. Kleine Kuchen sind auch bei größeren Familien höchst beliebt, denn sie bringen Abwechslung auf den Kaffeetisch. Bunt dekoriert und mit Kerzen verziert, eignen sie sich hervorragend an Geburtstagen großer und kleiner Leute. Originell verpackt sind kleine Kuchen ideal als Mitbringsel für Freunde und Verwandte.
Kleine Kuchen lassen sich gut zu Ausflügen und Picknicks mitnehmen. Viele lassen sich auch auf Vorrat backen und einfrieren.

Sämtliche kleinen Backformen sind mit einer speziellen Antihaftbeschichtung versehen, so dass die Kuchen nicht in der Form anhängen.

In diesem Buch finden Sie eine bunte Vielfalt an unterschiedlichsten Rezepten. Ob süße Torten für Sahnefans, leichte Rührkuchen, Vollwerttorten und -kuchen oder fruchtig-frische Obstkuchen, die kleinen Kuchen werden alle begeistern.
Ein ganzes Kapitel wurde für Kinder zum Selberbacken zusammengestellt. Mit extra kleinen Kinderbackformen und ihren Lieblingszutaten können sie ihre eigenen Kuchen backen und stolz den Freunden und der Familie präsentieren.
Die Rezepte sind mit genauen Zutatenangaben und Zubereitungsschritten versehen und gelingen garantiert auch Ungeübten.

Backformen

Kleine Backformen gibt es in großer Auswahl und guter Qualität samt Zubehör von der Firma Kaiser:

- Springformen mit 18 und 20 Zentimetern Durchmesser, mit oder ohne Rohrboden
- Bundform mit 16 Zentimetern Durchmesser
- Obstbodenform mit 22 Zentimetern Durchmesser
- Kastenform mit 20 Zentimetern Länge
- Torteletts mit 12 Zentimetern Durchmesser

Spezielle Kinderbackformen gibt es in folgenden Größen:
- Springformen mit 12 und 16 Zentimetern Durchmesser
- Bundformen mit 10, 12 oder 14 Zentimetern Durchmesser
- Kastenformen mit 10 oder 12 Zentimetern Länge

Zusätzlich gibt es Motivbackformen wie Blumen, Käfer, Schmetterlinge und solche für Ostern und Weihnachten.
Die Backformen sind alle mit einer hochwertigen Antihaftbeschichtung versehen. Das Backgut wird gleichmäßig durchgebacken und löst sich optimal aus der Form. Man sollte lediglich den Kuchen nach dem Backen noch 5 bis 10 Minuten in der Form lassen. Der Kuchen zieht sich zusammen und löst sich so von ganz allein aus der Form. Die Backformen sollten nur mit Butter oder Margarine eingefettet und in den Kühlschrank gestellt werden. Zusätzliches Ausstreuen mit Semmelbröseln ist meist nicht mehr nötig.

Reinigung und Pflege

Vor dem ersten Gebrauch spült man die Backformen mit einem Tuch in heißem Wasser mit etwas Spülmittel aus. Mit klarem Wasser nachspülen. Die Formen sind nicht für die Spülmaschine geeignet. Die Salze sind dort zu aggressiv und können die Beschichtung im Lauf der Zeit angreifen, so dass der Kuchen kleben bleibt. Bei der Springform sollte der Ring beim Reinigen ganz geöffnet sein. Nach dem Abtrocknen in den noch warmen Backofen zum völligen Trocknen stellen.

Zubehör

Klebt der Kuchen doch einmal am Backformrand fest (z. B. bei Obst), so gibt es einen speziellen Kuchenlöser aus Kunststoff, der dünn wie ein Messer ist. Damit wird weder die Backform noch das Backgut beschädigt. Auch der Backformroller aus Holz mit Stiel sollte nicht fehlen. Er ist ein wichtiger Helfer für alle Knetteige. Sie kommen damit in die Rundungen und Ecken aller Backformen hinein.
Ein weiteres Hilfsmittel ist z. B. das Mehl- und Puderzuckersieb mit praktischer Messleiste aus Metall oder Kunststoff. Für Kinder gibt es kleinere praktische Backutensilien.

Kinder wollen nicht nur zusehen, sie wollen selbst backen. In diesem Buch gibt es eine Reihe guter und doch einfacher Rezepte, die Kinder begeistern werden.

Alle herkömmlichen Backformen gibt es auch im Miniformat – für den vielseitigen Backspaß.

Für fruchtig belegte Kuchen, die im Nu zubereitet sind, ist eine kleine Obstbodenform ideal.

Verschiedene Teige

Biskuitteig

Biskuitteig kommt mit wenigen Zutaten aus: Eier, Wasser, Zucker und Mehl als Grundstoff, je nach Rezept noch Backpulver, Nüsse oder Fett. Ein Schuss Cognac anstelle von Backpulver lässt den Biskuitteig schön hoch werden. Dieser Teig muss zügig zubereitet und gebacken werden, da der luftige Teig sonst schnell zusammenfällt.

Ein lockerer Hefeteig ist ewas Wunderbares. Damit er gelingt, müssen alle Zutaten und Geräte Zimmertemperatur haben, und in der Küche muss gleichbleibende Wärme herrschen.

Rührteig

Wie der Name schon sagt, muss Rührteig kräftig gerührt werden. Je länger man ihn rührt, desto cremiger und saftiger wird er. Auch hier sind die Grundzutaten Eier, Butter oder Margarine, Zucker, Mehl und Backpulver. Zutaten, die man eigentlich immer im Haus hat, so dass man jederzeit eine süße Leckerei zubereiten kann.

Mürbeteig

Mürbeteig braucht etwas Zeit. Der Teig, bestehend aus Zucker, Butter und Mehl, ist schnell zubereitet, braucht aber Ruhezeit. Je länger er im Kühlen ruht, umso besser lässt er sich verarbeiten. Je mehr Fett der Teig enthält, umso mürber wird er, allerdings auch empfindlicher und zerbrechlicher. Mit etwas mehr Flüssigkeit oder Eiern kann man hier Abhilfe schaffen.

Hefeteig

Hefeteig braucht Zeit, je öfter und je länger er geht, desto lockerer und luftiger wird er. Wichtig ist, dass er an einem warmen Ort ohne Zugluft gehen kann. Den Vorteig sollte man mit einem Tuch bedecken. Zeigt seine Oberfläche Risse (etwa nach 15 Minuten), kann man ihn weiter verarbeiten. Hefeteig sollte generell vor dem Backen sein Volumen nicht mehr als verdoppeln, sonst geht er beim Backen nicht mehr auf.

Quarkölteig

Quarkölteig ist ein Knetteig. Er ist eine gute Alternative zum Hefeteig, da er ähnlich schmeckt, jedoch keine Gehzeit braucht. Der Quarkölteig eignet sich für süße und pikante Gebäcke.

Blätterteig

Die Zubereitung von Blätterteig erfordert Geduld, Geschick und Zeit. Am einfachsten ist es, Blätterteig aus der Tiefkühltruhe zu kaufen, er ist von bester Qualität und kann sofort verarbeitet werden.

Vollkornteig

Zum Backen wird überwiegend Dinkel- oder Weizenvollkornmehl verwendet. Diese Mehle sind sehr gehaltvoll. Aufgrund ihres hohen Gehalts an dem Klebereiweiß Gluten zeichnen sie sich durch hervorragende Backeigenschaften aus. Beim Backen mit Vollkornmehl sollte immer etwas mehr Flüssigkeit verwendet werden. Mürbeteige sollte man gleich nach dem Zubereiten in die Form kneten und zusammen mit der Form kühl stellen.

Mehle und Backtriebmittel

Weizenmehl Type 405

Dies ist das gebräuchlichste Mehl zum Backen, denn es zeichnet sich durch beste Klebereigenschaften aus. Es wird nur aus dem stärkereichen Mehlkörper gewonnen und ist lange haltbar. Oft wird diese Mehlart auch als weißes Auszugsmehl bezeichnet. In diesem Buch heißt es schlicht »Mehl«.

Vollkornmehl

Vollkornmehl besteht aus allen Teilen des Getreidekorns: dem stärkereichen Mehlkörper, der Schale und dem Keimling. Es enthält alle Vitamine, Mineral- und Eiweißstoffe sowie Fette. Je mehr Anteile der nährstoffreichen Schale ein Mehl enthält, desto dunkler ist es. Vollkornmehl ist nicht lange haltbar. Am besten mahlt man das Getreide erst kurz vor Gebrauch selbst.

Backpulver

Backpulver ist ein Gemisch aus Natriumkarbonat, einem Säureträger wie Weinstein und einem Trennmittel, einer Puderstärke. Bei Einwirkung von Luft, Flüssigkeit und Wärme wird eine Gärung ausgelöst, die mit ihren Kohlensäure-Gasbläschen den Teig auflockert.

Süßungsmittel

Weißer Zucker

Weißer Zucker wird bei uns meist aus Zuckerrüben gewonnen. Es ist Zucker in seiner reinsten Form. Seine weiße Farbe entsteht durch das Abtrennen aller Begleitstoffe.

Gutes Mehl ist die Voraussetzung für das Gelingen eines Kuchens. Ist es zu alt, schmeckt der Kuchen muffig.

Brauner Zucker

Brauner Zucker wird durch Karamellisierung aus weißem Zucker oder durch dessen Färben mit Melasse bzw. Rohrzuckersirup hergestellt.

Honig

Honig ist ein Naturprodukt. Zum Backen sollte nur flüssiger Honig verwendet werden. Am besten eignen sich geschmacksneutrale Sorten wie Akazienhonig, um das Aroma des Gebäcks nicht zu verändern.

Zucker gibt Gebäck nicht nur die notwendige Süße, sondern sorgt auch für Struktur und Volumen.

Ob Butter oder Margarine verwendet wird, bleibt jedem selbst überlassen. Butter jedoch verbessert mit ihrem feinen Aroma jedes Gebäck.

Pflanzliches Öl aus Sonnenblumenkernen ist zum Backen bestens geeignet, z. B. für die Zubereitung eines Quarkölteigs.

Fette

Margarine

Margarine wird ausschließlich aus pflanzlichen Ölen und Fetten hergestellt. Es gibt verschiedene Sorten, die sich in ihrer Fettsäurezusammensetzung unterscheiden. Zum Backen geeignete Margarinesorten sind mit einem entsprechenden Hinweis auf der Verpackung gekennzeichnet.

Butter

Butter ist ein rein tierisches Produkt. Sie wird aus dem Rahm (Sahne) der Milch gewonnen, in dem das Fett so lange geschlagen, gestoßen und geknetet wird, bis die Buttermilch vollständig abgeschieden ist. Während Sauerrahmbutter durch den Zusatz von Milchsäurebakterien sehr frisch schmeckt, zeichnet sich Süßrahmbutter durch einen milden Geschmack aus.

Öle

Öle gibt es in großer Auswahl. Zum Backen gut geeignet sind Sonnenblumen-, Raps- oder Maiskeimöle. Kalt gepresste, native Öle sind im kalten Zustand ernährungsphysiologisch hochwertig, doch durch starkes Erhitzen gehen ihre wertvollen ungesättigten Fettsäuren verloren.

Tipps und Tricks

Backzutaten

Alle Zutaten zum Backen sollten 30 Minuten vor der Verarbeitung aus dem Kühlschrank geholt werden, damit sie Zimmertemperatur annehmen. Ausgenommen ist Sahne, die noch geschlagen werden muss.

Gar- oder Stäbchenprobe

Um genau festzustellen, ob ein Kuchen, egal in welcher Form, gut durchgebacken ist, macht man die Garprobe. Kurz vor Ende der Backzeit sticht man mit einem langen Holzstäbchen in den Teig (es kann auch eine Stricknadel sein). Bleibt beim Herausziehen noch etwas Teig an dem Stäbchen hängen, ist der Kuchen noch nicht gar und muss etwas länger backen.

Backpapier abziehen

Oft wird der Boden einer Kuchenform mit Backpapier ausgelegt. Nach dem Stürzen des Kuchens zum Abkühlen klebt es manchmal am Teig fest. Legt man für kurze Zeit ein feuchtes Tuch darüber, lässt sich das Papier leicht abziehen.

Tortenboden schneiden

Einen Tortenboden kann man auf verschiedene Arten quer durchschneiden. Hier zwei Methoden:
1. Mit einem langen, spitzen Messer in dem gewünschten Abstand vom oberen Rand bis zur Mitte des Bodens einstechen. Das Messer festhalten und den Tortenboden drehen, bis ringsherum eingeschnitten ist.

2. Im gewünschten Abstand von oben drei oder mehr Holzspießchen (Zahnstocher) einstechen. Einen langen starken Zwirnfaden auf die Hölzchen um den Kuchen legen und den Faden langsam immer enger zusammenziehen, bis die Teigschicht abgetrennt ist.
Die Oberfläche einer Torte ist schön glatt, wenn man die oberste Schicht mit der Wölbung nach unten als untersten Boden nimmt.

Sahne schlagen

Um Sahne optimal steif zu schlagen, ist die erste Bedingung, dass Sahne, Schüssel und Geräte eiskalt sind. Nach Möglichkeit sollte auch in einem kühlen Raum geschlagen werden, da auf diese Weise die Gefahr, dass die Sahne zu Butter wird, verringert wird.
Mit dem Handrührgerät nur mit halber Geschwindigkeit schlagen, damit die Sahne genügend Zeit hat, kalte Luft aufzunehmen. Den Zucker gleich am Anfang dazugeben, damit er sich während des Schlagens auflöst.
Machen Sie mit dem Handrührgerät in der Schüssel kreisende Bewegungen, damit die Sahne auch am Rand gleichmäßig aufgeschlagen wird.
Sahne mit dem Schneebesen zu schlagen ist die sicherste Methode. Man spürt an der Konsistenz sofort, ob die richtige Festigkeit erreicht ist. Außerdem schlägt man eventuell noch flüssige Reste vom Rand leichter unter.
Geschlagene Sahne kann im Kühlschrank etwa 12 Stunden aufbewahrt werden, jedoch absolut luftdicht abgeschlossen. Die Sahne nimmt sonst sofort fremde Gerüche vom Kühlschrank an.
Vor dem Gebrauch mit dem Schneebesen nochmals kurz aufschlagen.

Für den Notfall

Im Notfall kann man der Sahne auch etwas Gelatine beifügen. Sie hat den Vorteil, den Geschmack der Sahne nicht zu verändern.
Blattgelatine lässt man im kalten Wasser etwa 5 Minuten quellen, drückt sie aus und erwärmt sie unter Rühren, bis sie sich aufgelöst hat. Abkühlen lassen. Dann einige Löffel der Sahne unter die Gelatine mischen und diese dann mit Zucker vorsichtig unter die geschlagene Sahne heben.
Bei gemahlener Gelatine rührt man 1 Päckchen mit etwa 6 Esslöffeln kalten Wassers an. Nach 10 Minuten unter ständigem Rühren erwärmen und auflösen. Wie bei Blattgelatine weiter verfahren.
Wer keine Gelatine verwenden möchte, kann der Sahne wenig Johannisbrotkernmehl zugeben.

Mit ein wenig Übung können mit dem Spritzbeutel Kuchen und Torten wunderbar verziert werden.

Backformen sollten generell nicht mit Öl eingefettet werden: Das Öl läuft vom Rand in den Boden der Form, und der Kuchen wird dann zu fettig.

Klassiker

Klassischen Kuchen und Torten begegnet man fast überall in der Welt. Ob es nun die Schwarzwälder Kirschtorte, der Frankfurter Kranz, der so beliebte deutsche Käsekuchen oder der einem von Kindesbeinen an vertraute Marmorkuchen, Nuss- oder Mohnkranz ist, egal wo wir sie treffen, sie vermitteln uns sofort eine heimische Atmosphäre.

Braucht etwas Zeit

Donauwellentorte

Ob der wellenartige Guss oder die verborgenen weichen, saftigen Schichten uns an die Unergründlichkeit der Donau erinnern sollen, ist ungewiss. Sicher ist, dass die gebackenen Donauwellen wunderbar schmecken.

Springform von 20 cm Ø

Für den Teig:
- 250 g entsteinte Sauerkirschen (aus dem Glas)
- etwas Butter für die Form
- 195 g Butter
- 120 g Zucker
- 2 Eier
- 150 ml Milch
- 100 g Mehl
- 1 TL Backpulver
- 1 EL Kakaopulver
- 1/2 Päckchen Vanillepuddingpulver

Für den Guss:
- 100 g Zartbitterkuvertüre
- 20 g Kokosfett

50 Minuten
30–35 Minuten Backzeit
2 1/2 Stunden Kühlzeit

1 Die Kirschen in ein Sieb geben und gut abtropfen lassen. Den Boden und den Rand der Springform mit Butter einfetten und in den Kühlschrank stellen. Den Backofen auf 180 °C (Umluft 160 °C, Gas Stufe 2–3) vorheizen.

2 120 Gramm Butter und 100 Gramm Zucker mit dem Handrührgerät schaumig schlagen. Die Eier nacheinander unterrühren und 2 Esslöffel Milch hinzufügen. Das Mehl und das Backpulver mischen, über die Butter-Zucker-Ei-Mischung sieben und einarbeiten, bis ein cremiger Teig entsteht.

3 Die Hälfte des Teigs in die Springform füllen, glatt streichen. Kakao unter den restlichen Teig rühren und diesen vorsichtig auf den hellen Teig streichen.

4 Die Kirschen auf dem Teig verteilen und das Ganze auf der zweiten Schiene von unten 30 bis 35 Minuten backen.

5 Die Form aus dem Ofen nehmen und den Kuchen in der Form auskühlen lassen.

6 Das Puddingpulver mit dem restlichen Zucker und 5 Esslöffeln Milch glatt rühren. Die restliche Milch zum Kochen bringen, das Puddingpulver einrühren und das Ganze kurz aufkochen lassen. Den Pudding vom Herd nehmen und erkalten lassen. Gelegentlich umrühren, damit sich keine Haut bildet.

7 Die restliche Butter cremig rühren, den kalten Pudding esslöffelweise unter die Butter rühren und alles kräftig aufschlagen. Die Masse etwa 2 Stunden kühl stellen. In der Zwischenzeit die Kuvertüre mit dem Kokosfett im heißen Wasserbad schmelzen.

8 Die Buttercreme gleichmäßig auf den Kuchen streichen, die Kuvertüre darüber gießen und glatt streichen. Den Guss mit einem Tortenkamm wellenartig durchziehen. Nochmals kühl stellen, bis die Schokolade fest ist. Torte aus der Form lösen und bald servieren.

Geht leicht

Zupfkuchen

Springform von 20 cm Ø

Für den Teig:

etwas Butter für die Form
75 g Butter, 75 g Zucker, 1 EL Kakao
1/2 Päckchen Vanillezucker, 1 Ei
175 g Mehl, 2 TL Backpulver

Für die Füllung:

2 Eier, 350 g Quark (40 % Fett i.Tr.)
75 g Zucker, 100 g Butter
1/2 Päckchen Vanillepuddingpulver
1 Päckchen Vanillezucker

25 Minuten
40 Minuten Backzeit

1 Die Form einfetten, kühl stellen. Backofen auf 200 °C (Umluft 180 °C, Gas Stufe 3–4) vorheizen.

2 Aus den Zutaten einen glatten Mürbeteig herstellen. Mit 2/3 des Teiges die Springform auskleiden, kühl stellen.

3 Die Eier trennen. Eigelbe mit Quark, Zucker, Butter, Vanillepuddingpulver und -zucker vermischen. Eiweiß steif schlagen, unterheben.

4 Die Füllung auf den Teig geben. Den restlichen Teig flockenartig darüber zupfen. Auf der mittleren Schiene 40 Minuten backen.

Der Zupfkuchen mit cremiger Füllung gelingt auch Ungeübten völlig problemlos.

Tipp der Bäckerin

Je länger Sie den Zupfkuchen in der Form abkühlen lassen, umso leichter können Sie ihn anschließend aus der Form lösen.

Weltberühmter Klassiker

Schwarzwälder Kirschtorte

Springform von 20 cm Ø

Für den Teig:
- etwas Butter für die Form
- 4 Eier
- 4 EL warmes Wasser
- 125 g Zucker
- 1/2 Päckchen Vanillezucker
- 60 g Butter
- 175 g Mehl
- 6 EL Speisestärke
- 1 1/2 TL Backpulver
- 60 g Kakaopulver
- 30 g gemahlene Mandeln

Für die Füllung:
- 5 cl Kirschwasser
- 200 g Sauerkirschen (aus dem Glas)
- 1 Päckchen roter Tortenguss
- 200 g Sahne

Zum Dekorieren:
- 200 g Sahne
- Schokoladenraspel
- 8 Cocktailkirschen

40 Minuten
25–30 Minuten Backzeit
45 Minuten Kühlzeit

Tipp der Bäckerin

Backen Sie den Biskuitboden schon am Vortag. Er lässt sich dann leichter waagerecht durchschneiden.

1 Den Boden der Springform einfetten, nicht den Rand, und in den Kühlschrank stellen. Den Backofen auf 200 °C (Umluft 180 °C, Gas Stufe 3–4) vorheizen.

2 Die Eier trennen. Eigelbe mit dem warmen Wasser, Zucker und Vanillezucker schaumig rühren. Die Butter einarbeiten. Eiweiß steif schlagen und vorsichtig unterheben. Mehl, Speisestärke, Backpulver und Kakao mischen, über die Eimasse sieben und langsam hineinmelieren. Die Mandeln unterziehen.

3 Den Teig in die Springform füllen und auf der zweiten Schiene von unten 25 bis 30 Minuten backen.

4 Die Form aus dem Ofen nehmen, 5 bis 10 Minuten beiseite stellen. Den Boden aus der Form lösen und auf einem Kuchengitter erkalten lassen. Den Tortenboden zweimal waagerecht durchschneiden. Die Böden mit Kirschwasser beträufeln und durchziehen lassen.

5 Die Kirschen mit dem Tortenguss nach Packungsanweisung andicken und abkühlen lassen. Um den untersten Tortenboden einen verstellbaren Tortenring legen. Den unteren Boden mit der Hälfte der Kirschen belegen. Die Sahne schnittfest schlagen. Mit einem Drittel davon die Kirschen bestreichen. Den zweiten Boden darauf setzen und den Vorgang wiederholen. Den Deckel darauf setzen und mit der restlichen Sahne bestreichen.

6 Zum Dekorieren die Sahne sehr steif schlagen und den Rand der Torte mit der Hälfte bestreichen. Die andere Hälfte in einen Spritzbeutel mit Rosettentülle füllen und acht kleine Rosetten auf die Torte spritzen. Den Rand mit den Schokoladenraspeln bestreuen. Zum Schluss auf die Rosetten je 1 Cocktailkirsche setzen.

Der Inbegriff einer Torte: die Schwarzwälder Kirschtorte.

Tipp der Bäckerin

Sollte der Kuchen einmal am Springformrand kleben, so kann man mit einem Kuchenlöser, der dünn wie ein Messer ist, den Rand lösen. So wird weder die Backform noch der Kuchen beschädigt.

Der Guss für den Zitronenkuchen schmeckt am besten aus frisch gepresstem Zitronensaft zubereitet.

Ein Sonntagskuchen

Einfacher Käsekuchen

Springform von 20 cm Ø

Für den Teig:

etwas Butter für die Form
65 g Butter, 125 g Mehl
1 Ei, 1 1/2 TL Backpulver
40 g Zucker

Für die Füllung:

350 g Quark (Magerstufe)
100 g Zucker, 1 Ei
3/4 Päckchen Vanillepuddingpulver
250 ml Milch, 4 EL Öl

30 Minuten
35–40 Minuten Backzeit

1 Die Form einfetten, kühl stellen. Den Backofen auf 200 °C (Umluft 180 °C, Gas Stufe 3–4) vorheizen.

2 Aus den Zutaten einen Mürbeteig kneten. Mit dem Teig den Boden und Rand der Form auskleiden. Die Form 10 bis 15 Minuten kalt stellen.

3 Die Zutaten für die Füllung kräftig aufschlagen. In die Form füllen, alles auf der zweiten Schiene von unten 35 bis 40 Minuten backen.

4 Den Kuchen aus dem Ofen nehmen und etwa 5 bis 10 Minuten abkühlen lassen. Aus der Form lösen und völlig erkalten lassen.

Gelingt leicht

Zitronenkuchen

Kastenform von 20 cm Länge

Für den Teig:

etwas Butter für die Form
125 g Butter
90 g Zucker
1/2 Päckchen Vanillezucker
2 Eier
abgeriebene Schale von
1/2 unbehandelten Zitrone
100 g Mehl, 50 g Speisestärke
1/2 TL Backpulver
50 g gemahlene Mandeln

Für den Guss:

125 g Puderzucker
2 EL Zitronensaft, 1 EL Sahne

30 Minuten
35–40 Minuten Backzeit

1 Die Form einfetten, kalt stellen. Den Backofen auf 200 °C (Umluft 180 °C, Gas Stufe 3–4) vorheizen.

2 Butter, Zucker, Vanillezucker und Eier schaumig schlagen und die Zitronenschale hinzufügen. Mehl, Stärke und Backpulver mischen, über den Teig sieben und zusammen mit den Mandeln einarbeiten.

3 Den Teig in die Form füllen, glatt streichen und auf der mittleren Schiene 35 bis 40 Minuten backen. Garprobe machen.

4 Die Form aus dem Ofen nehmen, 5 bis 10 Minuten abkühlen lassen, den Kuchen auf ein Gitter stürzen.

5 Für den Zitronenguss den Puderzucker sieben, mit dem Zitronensaft und der Sahne glatt rühren. Den leicht abgekühlten Kuchen damit großzügig überziehen und den Guss fest werden lassen.

Nelken und Zimt behalten ungemahlen recht lange ihr typisches würziges Aroma (am besten in einem Schraubglas aufbewahren).

Etwas aufwändig

Festtagsgewürzkuchen

Gugelhupfform von 16 cm Ø

Für den Teig:

etwas Butter für die Form
100 g Butter
125 g Zucker
je 1 Prise gemahlene Nelken, Salz, Lebkuchengewürz, Kardamom, Zimt
2 Eier
180 g Mehl, 2 TL Backpulver
20 g gemahlene Nüsse
1/8 l starker Kaffee (z. B. aus 4 TL löslichem Kaffee)
25 g kandierte Kirschen
65 g Korinthen
30 g Schokoladenraspel

Für den Guss:

100 g Zartbitterkuvertüre
Schokoladenraspel oder -streusel

50 Minuten
40–45 Minuten Backzeit

1 Die Gugelhupfform einfetten und in den Kühlschrank stellen. Den Backofen auf 200 °C (Umluft 180 °C, Gas Stufe 3–4) vorheizen.

2 Butter, Zucker, Gewürze und Eier mit dem Handrührgerät schaumig schlagen.
Mehl und Backpulver darüber sieben und mit den gemahlenen Nüssen einarbeiten. Den Kaffee unterrühren. Die kandierten Kirschen vierteln und zusammen mit den Korinthen und den Schokoladenraspeln unter die Mischung ziehen.

3 Den Teig in die Gugelhupfform füllen und 40 bis 45 Minuten auf der zweiten Schiene von unten backen. Stäbchenprobe machen. Wenn der Kuchen zu stark von oben bräunt, nach 30 Minuten mit Alufolie abdecken.

4 Die Form aus dem Ofen nehmen, 5 bis 10 Minuten abkühlen lassen, den Kuchen auf ein Kuchengitter stürzen und vollständig erkalten lassen.

5 Die Kuvertüre im heißen Wasserbad schmelzen, den Kuchen damit überziehen und den noch feuchten Guss mit Schokoraspeln oder -streuseln bestreuen. Fest werden lassen.

Tipp der Bäckerin

Wenn Sie den Festtagsgewürzkuchen nicht so schokoladig mögen, können Sie ihn auch einfach mit Puderzucker bestäuben.

Recht gehaltvoll

Walnusskuchen

Kastenform von 20 cm Länge

Für den Teig:

- etwas Butter für die Form
- 50 g Walnüsse
- 45 g Butter
- 85 g Zucker
- 3 Eigelbe
- je 1 Messerspitze gemahlener Zimt, Nelken, Piment, Ingwerpulver und Salz
- abgeriebene Schale von 1 unbehandelten Orange
- 1 cl Weinbrand
- 1 cl Cointreau
- 50 g Mehl
- 30 g Speisestärke
- 1/2 TL Backpulver
- 30 g Kakaopulver
- 3 Eiweiß

Für den Guss:

- 150 g Zartbitterkuvertüre
- 2 EL gehackte Pistazien

60 Minuten
30–35 Minuten Backzeit

Es sieht auch sehr schön aus, wenn der Guss mit gehackten Walnüssen oder ganzen Walnusskernen verziert wird.

Die Walnuss, die »welsche Nuss«, kam aus dem westlichen Gallien zu uns. In Europa wird sie in warmen, milden Klimabereichen kultiviert; der Hauptanteil auf dem Weltmarkt kommt aber vor allem aus Kalifornien.

1 Die Kastenform einfetten und in den Kühlschrank stellen. Den Backofen auf 200 °C (Umluft 180 °C, Gas Stufe 3–4) vorheizen.

2 Die Walnüsse reiben. Die Butter mit 30 Gramm Zucker und den Eigelben mit dem Handrührgerät schaumig rühren. Gewürze, Orangenschale, Weinbrand und Cointreau darunter mischen. Mehl, Stärke, Backpulver und Kakaopulver mischen, über den Teig sieben und einarbeiten. Die Walnüsse unterrühren.

3 Eiweiß mit dem restlichen Zucker steif schlagen und vorsichtig unter den Teig heben.

4 Den Teig in die Form füllen, glatt streichen und auf der zweiten Schiene von unten 30 bis 35 Minuten backen. Garprobe machen.

5 Die Form aus dem Ofen nehmen, 5 bis 10 Minuten abkühlen lassen, den Kuchen auf ein Gitter stürzen und erkalten lassen.

6 Die Kuvertüre im heißen Wasserbad schmelzen, den Kuchen damit überziehen und den noch feuchten Guss mit den gehackten Pistazien bestreuen.

Variation:
Statt Walnüsse können auch Haselnüsse oder Mandeln verwendet werden. Haselnüsse sind neutraler im Geschmack, Mandeln haben ein feines, zartes Aroma.

Ein Klassiker

Marmorkuchen

Gugelhupfform von 16 cm Ø
etwas Butter für die Form
100 g Butter
100 g Zucker
2 TL Vanillezucker, 2 Eier
140 g Mehl, 40 g Speisestärke
2 TL Backpulver
1 Prise Salz
100 ml Milch, 1 cl Rum
20 g Kakaopulver
Puderzucker

45 Minuten
35–40 Minuten Backzeit

1 Die Form einfetten. Backofen auf 200 °C (Umluft 180 °C, Gas Stufe 3–4) vorheizen. Die Butter schaumig rühren, Zucker, Vanillezucker und Eier dazugeben. Mehl, Speisestärke, Backpulver und Salz einarbeiten. Milch und Rum unterrühren.

2 Vom Teig 1/3 mit dem Kakao verrühren. Abwechselnd hellen und dunklen Teig in die Form einfüllen, mit einer Gabel leicht vermischen. Auf der zweiten Schiene von unten 35 bis 40 Minuten backen.

3 Die Form aus dem Ofen nehmen, Kuchen auf einem Gitter erkalten lassen, mit Puderzucker bestäuben.

Ein guter Marmorkuchen gehört unbedingt auf jede Kaffeetafel.

Tipp der Bäckerin

Dieser Kuchen sollte am besten über Nacht im Kühlschrank durchziehen.

Der hessische Klassiker besteht aus zartem Rührteig, der mit einer feinen Vanillebuttercreme gefüllt und mit knackigem Krokant bestreut ist.

Gebürtstagskuchen

Frankfurter Kranz

Springform mit Rohrbodeneinsatz von 20 cm Ø

Für den Teig:
- etwas Butter für die Form
- 100 g Butter
- 100 g Zucker
- 1/2 Päckchen Vanillezucker
- 1 EL abgeriebene Schale einer unbehandelten Zitrone
- 3 Eier
- 100 g Mehl
- 60 g Speisestärke
- 2 TL Backpulver
- 1 TL Rum

Für die Creme:
- 3/4 Päckchen Vanillepuddingpulver
- 350 ml Milch
- 70 g Zucker
- 1/2 Päckchen Vanillezucker
- 200 g Butter

Zum Dekorieren:
- 50 g Krokant
- 4 Cocktailkirschen

60 Minuten
25–30 Minuten Backzeit

1 Die Springform mit dem Rohrboden einfetten und in den Kühlschrank stellen. Den Backofen auf 200 °C (Umluft 180 °C, Gas Stufe 3–4) vorheizen.

2 Für den Teig Butter, Zucker, Vanillezucker und Zitronenschale schaumig rühren. Nach und nach die Eier hinzufügen. Mehl, Speisestärke und Backpulver miteinander mischen, über die Eimasse sieben und einarbeiten. Rum hinzufügen.

3 Den Teig in die Kranzform füllen und den Kuchen auf der zweiten Schiene von unten 25 bis 30 Minuten backen.

4 Die Form aus dem Ofen nehmen, 5 bis 10 Minuten beiseite stellen, den Kuchen aus der Form lösen und auf einem Gitter erkalten lassen. Den Kuchen zweimal waagerecht durchschneiden.

5 Für die Creme das Puddingpulver mit etwas Milch anrühren. Die restliche Milch mit Zucker und Vanillezucker aufkochen, das angerührte Puddingpulver zufügen und alles kurz aufkochen lassen. Den Pudding kalt stellen und gelegentlich umrühren, damit sich keine Haut bildet.

6 Die Butter cremig schlagen. Den kalten Pudding esslöffelweise unterrühren. Den Kuchen mit der Buttercreme füllen, zusammensetzen und auch außen bestreichen (etwas Buttercreme zurückbehalten). Den Kuchen mit Krokant bestreuen. Die restliche Creme in einen Spritzbeutel mit Rosettentülle füllen und acht Rosetten auf den Kranz spritzen. Die Cocktailkirschen halbieren und in jede Rosette 1/2 Cocktailkirsche setzen.

Variation:
Wer will, kann den Frankfurter Kranz vor dem Füllen mit Rum oder auch mit Cointreau beträufeln.

Tipp der Bäckerin 

Servieren Sie diesen Kuchen noch leicht warm, mit frischer, nur leicht geschlagener Sahne.

Benötigt Sorgfalt

Nusskranz

Springform mit Rohrbodeneinsatz von 20 cm Ø

Für den Teig:
- etwas Butter für die Form
- Semmelbrösel für die Form
- 150 g Mehl
- 1 TL Backpulver
- 50 g Zucker
- 1/2 Päckchen Vanillezucker
- 1 Ei
- 1 EL Milch
- 65 g Butter
- Mehl für die Arbeitsfläche

Für die Füllung:
- 2 Eiweiß
- 200 g gemahlene Haselnüsse
- 100 g Zucker
- 4 Tropfen Bittermandelöl

Für den Guss:
- 2 Eigelbe
- 2 EL Milch

50 Minuten
30–35 Minuten Backzeit

1 Die Springform einfetten, ausbröseln und in den Kühlschrank stellen. Backofen auf 200 °C (Umluft 180 °C, Gas Stufe 3–4) vorheizen.

2 Mehl und Backpulver in eine Schüssel sieben, Zucker, Vanillezucker, Ei, Milch und Butter hinzufügen. Mit den Knethaken des Handrührers einen glatten, geschmeidigen Teig kneten. Den Teig auf einer bemehlten Arbeitsfläche ausrollen.

3 Für die Füllung Eiweiß zu Eischnee steif schlagen, mit den Haselnüssen, Zucker, Bittermandelöl und 6 Esslöffeln Wasser vorsichtig zu einer geschmeidigen Masse verrühren und gleichmäßig auf den ausgerollten Teig streichen.

4 Den Teig zu einer Rolle formen und in die Rohrbodenform legen. Die Eigelbe mit der Milch verquirlen und den Teig damit bestreichen. Den Kranz in gleichmäßigen Abständen am besten mit einer Küchenschere etwa 1/2 Zentimeter tief einschneiden und auf der zweiten Schiene von unten 30 bis 35 Minuten backen.

5 Die Form aus dem Ofen nehmen, 5 bis 10 Minuten zur Seite stellen, den Kranz aus der Form lösen und auf einem Kuchengitter etwas abkühlen lassen.

Haselnüsse enthalten reichlich ungesättigte Fettsäuren, die sich günstig auf den Cholesterinspiegel auswirken. Außerdem sind sie reich an Magnesium, Kalium und Folsäure.

Etwas aufwändig

Schneckenkuchen

Springform von 20 cm Ø
Für den Teig:
350 g Mehl
20 g Hefe
40 g Zucker
200 ml lauwarme Milch
1 Ei
40 g Butter, 1 Prise Salz
etwas Butter für die Form
Mehl für die Arbeitsfläche
Für die Füllung:
2 Eiweiß
150 g gemahlene Mandeln oder Haselnüsse
80 g brauner Zucker
60 g Rosinen
1 EL Rum
1 Prise Zimtpulver
abgeriebene Schale von 1/2 unbehandelten Zitrone
Für den Guss:
100 g Puderzucker
4 EL Zitronensaft

50 Minuten
55 Minuten Gehzeit
30–35 Minuten Backzeit

1 Das Mehl in eine große Schüssel sieben, in die Mitte eine Mulde drücken und die Hefe hineinbröckeln. Etwas Zucker darüber geben. Die Milch dazugießen, mit einer Gabel die Hefe auflösen und etwas Mehl vom Rand mit hineinrühren, bis ein dicker Brei entsteht. Diesen Vorteig zugedeckt etwa 20 Minuten gehen lassen.

2 Das Ei, den restlichen Zucker, die klein geschnittene Butter und das Salz hinzufügen. Mit den Knethaken des Handrührers so lange durchkneten, bis der Teig Blasen wirft und sich vom Schüsselrand löst. Den Teig nochmals zugedeckt 20 Minuten gehen lassen.

3 Die Springform einfetten und kühl stellen. Für die Füllung Eiweiß steif schlagen und mit Nüssen oder Mandeln, braunem Zucker, Rosinen, Rum, Zimtpulver und Zitronenschale gründlich vermischen.

4 Den Hefeteig auf einer bemehlten Arbeitsfläche zu einer 3 Millimeter dünnen Platte ausrollen. Die Nussfüllung darauf verstreichen. Die Platte aufrollen und in etwa 4 Zentimeter dicke Stücke schneiden und diese hochkant in die Form setzen. 15 Minuten gehen lassen.

5 Backofen auf 200 °C (Umluft 180 °C, Gas Stufe 3–4) vorheizen. Den Kuchen nach dem Gehen auf der mittleren Schiene 25 Minuten backen.

6 Die Form aus dem Ofen nehmen, 5 bis 10 Minuten beiseite stellen. Den Kuchen aus der Form lösen und erkalten lassen.

7 Puderzucker mit Zitronensaft zu einem dickflüssigen Guss verrühren. Über den Kuchen pinseln und trocknen lassen.

Der Teig wird schön locker, wenn Sie das Mehl vorher sieben. Besonders einfach geht das mit einem speziellen Mehlsieb.

Tipp der Bäckerin

Hefeteig sollte an einem zugfreien warmen Ort gehen. Bekommt er Luft, fällt er wieder zusammen. Wichtig ist auch, dass man den Hefeteig nicht zu sehr aufgehen lässt, da er sonst beim Backen nicht mehr aufgeht. Er sollte vor dem Backen sein Volumen höchstens verdoppeln.

Mohn verleiht Gebäck ein ganz besonderes Aroma. Am besten verwendet man fertig gemahlenen Mohn.

Tipp der Bäckerin 

Mohnkranz kann sehr gut ein bis zwei Tage vor dem Verzehr gebacken werden. Kühl stellen!

Ein Winterkuchen

Mohnkranz

Springform mit Rohrbodeneinsatz von 20 cm Ø

- etwas Butter für die Form
- 125 g Butter
- 100 g Zucker
- 1/2 Päckchen Vanillezucker
- 3 Eigelbe
- 40 g Vollmilchkuvertüre
- 150 g gemahlener Mohn
- 60 g Mehl
- 80 g Speisestärke
- 1/2 TL Backpulver
- 3 Eiweiß, 1 Prise Salz
- 100 g Zartbitterkuvertüre

50 Minuten
35–40 Minuten Backzeit

1 Die Springform einfetten und in den Kühlschrank stellen. Den Backofen auf 180 °C (Umluft 160 °C, Gas Stufe 2–3) vorheizen.

2 Die Butter mit Zucker und Vanillezucker cremig rühren, die Eigelbe nacheinander beifügen. Vollmilchkuvertüre reiben und mit dem Mohn einarbeiten.

3 Mehl, Stärke und Backpulver mischen, über den Teig sieben und alles verrühren. Eiweiß mit Salz steif schlagen und vorsichtig unterheben.

4 Den Teig in die Springform füllen und auf der zweiten Schiene von unten 35 bis 40 Minuten backen.

5 Die Form aus dem Ofen nehmen, 5 bis 10 Minuten beiseite stellen. Den Mohnkranz auf einem Kuchengitter auskühlen lassen.

6 Die Zartbitterkuvertüre im heißen Wasserbad schmelzen und den Kuchen damit überziehen.

Gesund und gut

Vollwert-Hefegugelhupf

Gugelhupfform von 16 cm Ø

- etwas Butter für die Form
- Semmelbrösel für die Form
- 150 g Weizenvollkornmehl
- 150 g Dinkelvollkornmehl
- 1/8 l warme Milch
- 20 g Hefe
- 80 g Butter, 60 g Honig
- 2 Eigelbe
- etwas abgeriebene Schale von 1 unbehandelten Zitrone
- 1 Messerspitze Meersalz
- 80 g ungeschwefelte Rosinen
- 40 g Mandeln, 2 Eiweiß

40 Minuten
60 Minuten Gehzeit
35–40 Minuten Backzeit

1 Die Gugelhupfform einfetten, mit Semmelbröseln ausstreuen und kühl stellen. Die Mehle mischen und in die Mitte eine Mulde drücken. Warme Milch und Hefe in die Mulde geben und mit etwas Mehl verrühren. Den Vorteig zugedeckt 15 Minuten gehen lassen.

2 Die Butter zerlassen und mit Honig, Eigelben, Zitronenschale und Salz zu dem Vorteig geben. Alles erst mit den Händen, dann mit den Knethaken des Handrührgerätes miteinander verkneten und schlagen, bis der Teig Blasen wirft. Rosinen und Mandeln beifügen. Eiweiß steif schlagen und unter den Teig heben.

3 Den Teig in die Gugelhupfform geben und zugedeckt an einem warmen Ort 45 Minuten gehen lassen.

4 In der Zwischenzeit den Backofen auf 180 °C (Umluft 160 °C, Gas Stufe 2–3) vorheizen.

5 Wenn sich das Teigvolumen verdoppelt hat, den Kuchen auf der untersten Schiene 35 bis 40 Minuten backen.

6 Die Form aus dem Ofen nehmen, 5 bis 10 Minuten beiseite stellen, den Gugelhupf auf ein Kuchengitter stürzen und auskühlen lassen. Noch leicht warm servieren.

Mit dem Hefegugelhupf kommen nicht nur Vollwertfans voll auf ihre Kosten.

Fruchtiges

Törtchen, Torten, Kuchen mit einheimischen oder exotischen Früchten als Füllung oder Belag lassen uns an Frühling, an heiße Sommertage, an fröhliche Feste im Garten oder auf der Terrasse denken. Und wenn sich unverhoffter Besuch ankündigt, so finden sich auch in diesem Kapitel einige Köstlichkeiten, die sich ganz schnell zaubern lassen.

Tipp der Bäckerin 

Obstböden können gut auf Vorrat gebacken werden. Zum Einfrieren die doppelte oder dreifache Menge Teig anrühren, backen und nach dem Abkühlen einfrieren.

Gelingt leicht

Erdbeerkuchen

Obstbodenform von 22 cm Ø

Für den Teig:

etwas Butter für die Form
30 g Butter
2 Eier
100 g Zucker
1 Prise Salz
100 g Mehl
25 g Speisestärke
1 TL Backpulver

Für den Belag:

200–300 g Erdbeeren
1/2 Päckchen Tortenguss
100 g Sahne
1/2 Päckchen Vanillezucker

45 Minuten
15–20 Minuten Backzeit

1 Die Obstbodenform einfetten und in den Kühlschrank stellen. Den Backofen auf 200 °C (Umluft 180 °C, Gas Stufe 3–4) vorheizen.

2 Die Butter zerlassen, lauwarm abkühlen lassen. Eier, Zucker und Salz schaumig rühren und die Butter einarbeiten. Mehl, Stärke und Backpulver mischen, über die Masse sieben und darunter rühren.

3 Den Teig in die Obstbodenform füllen und im heißen Ofen auf der zweiten Schiene von unten 15 bis 20 Minuten backen.

4 Die Form aus dem Ofen nehmen, 5 bis 10 Minuten zur Seite stellen. Den Kuchenboden auf ein Gitter stürzen und erkalten lassen.

5 Die Erdbeeren waschen, trockentupfen, putzen, halbieren und auf dem Tortenboden verteilen. Den Tortenguss nach Packungsanweisung kochen, über den Erdbeeren verteilen und etwas abkühlen lassen.

6 Sahne mit Vanillezucker steif schlagen, in einen Spritzbeutel mit großer Stern- oder Rosettentülle füllen und den Kuchen mit großen Tupfern dekorieren. Nach Belieben die Sahnetupfer mit halben Erdbeeren verzieren.

Etwas Besonderes

Apfeltarte

Spring- oder Tarteform von 20 cm Ø

etwas Butter für die Form
40 g weiche Butter
75 g Zucker
1 Päckchen Vanillezucker
1 Prise Salz
2 Eier
60 g Mehl
40 g Speisestärke
1/2 TL Backpulver
250 g säuerliche Äpfel (Cox Orange oder Boskop)
100 g Crème fraîche
1/2 EL Puderzucker

35 Minuten
35–40 Minuten Backzeit

1 Die Spring- oder Tarteform einfetten und in den Kühlschrank stellen. Den Backofen auf 180 °C (Umluft 160 °C, Gas Stufe 2–3) vorheizen.

2 Die Butter mit 50 Gramm Zucker, 1 Teelöffel Vanillezucker und dem Salz mit dem Handrührgerät schaumig rühren. 1 Ei hinzufügen. Mehl, Speisestärke und Backpulver miteinander vermischen, über die Masse sieben und einarbeiten.

3 Die Äpfel schälen, vierteln, Kerngehäuse entfernen und die Viertel in 1/2 Zentimeter dicke Scheiben schneiden.

4 Den Teig in die Form füllen und glatt streichen. Die Apfelscheiben fächerförmig auf dem Teig verteilen und etwas andrücken. Den Kuchen auf der zweiten Schiene von unten 20 Minuten backen.

5 Crème fraîche mit dem übrigen Ei, dem restlichen Zucker und dem Vanillezucker glatt rühren.

6 Den Guss über den Apfelkuchen geben und in 15 bis 20 Minuten im heißen Backofen auf der mittleren Schiene stocken lassen.

7 Die Tarte nach dem Erkalten mit Puderzucker bestäuben.

Die Apfeltarte schmeckt auch lauwarm hervorragend.

»Tarte« ist die französische Bezeichnung für einen ganz leichten, luftigen und vor allem flachen Obstkuchen. Im Gegensatz dazu steht der »Gateau« für höhere Kuchen und Torten.

Süß und saftig

Kirschtraum

Kochen Sie die Kirschen für den Belag einmal in Burgunderwein mit etwas Zucker auf. Dann wird der Kirschtraum noch schöner.

Obstbodenform von 22 cm Ø

Für den Teig:
- etwas Butter für die Form
- 75 g Butter
- 60 g Zucker
- 2 Eier
- 60 g Mehl
- 40 g Speisestärke
- 20 g Kakaopulver
- 1 TL Backpulver

Für den Belag:
- 200 g Sauerkirschen (aus dem Glas)
- Schokoladenglasur
- 2 EL Kirschwasser
- 1/2 Päckchen Tortenguss
- 1/8 l Kirschsaft

Zum Dekorieren:
- 250 g Sahne
- 1 Päckchen Vanillezucker

50 Minuten
15–20 Minuten Backzeit

Kirschen sollten immer reif gepflückt bzw. gekauft werden, da sie nicht mehr nachreifen.

1 Die Obstbodenform einfetten und kühl stellen. Den Backofen auf 200 °C (Umluft 180 °C, Gas Stufe 3–4) vorheizen.

2 Butter und Zucker schaumig rühren, die Eier nacheinander unterrühren. Mehl, Speisestärke, Kakao- und Backpulver über die Masse sieben und einarbeiten.

3 Den Teig in die Obstbodenform füllen und auf der zweiten Schiene von unten 15 bis 20 Minuten backen.

4 Die Form aus dem Ofen nehmen, 5 bis 10 Minuten zur Seite stellen, den Boden auf ein Kuchengitter stürzen und erkalten lassen.

5 Die Kirschen in ein Sieb geben und gut abtropfen lassen. Die Schokoladenglasur im heißen Wasserbad schmelzen.

6 Den abgekühlten Boden mit dem Kirschwasser beträufeln, den Rand mit der Schokoladenglasur in dünnen Fäden verzieren und den Boden mit den Kirschen belegen.

7 Den Tortenguss nach Packungsanweisung mit Kirschsaft aufkochen, kurz abkühlen lassen und über den Kirschen verteilen.

8 Ist der Tortenguss erkaltet, die Sahne mit Vanillezucker schnittfest schlagen und über die Kirschen streichen.

9 Mit einem Löffel dünne Fäden von der Schokoladenglasur über die Sahne ziehen. Ab und zu auch einen Tropfen setzen.

Variation:
Die Sahne in einen Spritzbeutel mit Stern- oder Rosettentülle füllen und Tupfer am Rand entlangspritzen oder den ganzen Kuchen damit garnieren.

Für Gäste

Vollwert-Obsttörtchen

Für 8 Torteletts

Für den Teig:
etwas Butter für die Förmchen
450 g Weizen- oder Dinkelvollkornmehl
1 Messerspitze Meersalz
2 Messerspitzen Zimt
1 1/2 TL Weinstein-Backpulver
abgeriebene Schale von
1 unbehandelten Zitrone
1 Ei
100 g Honig
150 g weiche Butter

Für den Belag:
600 g frisches Obst oder Beeren, z. B. Erdbeeren, Sauerkirschen, Himbeeren, Heidelbeeren, Bananen, Kiwis
150 g Marmelade nach Geschmack

Für den Guss:
1/8 l naturreiner Apfelsaft
1 EL Honig
1 1/2 TL Agar-Agar
1 Messerspitze Zimt

70 Minuten
30 Minuten Kühlzeit
25-30 Minuten Backzeit

1 Die Tortelettförmchen gut einfetten und in den Kühlschrank stellen.

2 Mehl, Salz, Zimt, Backpulver, Zitronenschale in einer Schüssel mischen. Eine Vertiefung in die Mitte drücken, Ei, Honig und Butter hineingeben. Alles rasch zusammenkneten, fest in Klarsichtfolie wickeln und 30 Minuten kühl stellen.

3 Den Backofen auf 180 °C (Umluft 160 °C, Gas Stufe 2–3) vorheizen.

4 Den Teig zu einer Rolle formen, in 8 Stücke teilen. Jedes Stück etwas ausrollen und in eine Tortelettform hineindrücken. Auf der mittleren Schiene 25 bis 30 Minuten backen.

5 Die Förmchen aus dem Ofen nehmen, kurz beiseite stellen, die Böden auf ein Kuchengitter stürzen und kalt werden lassen.

6 Das Obst waschen, putzen und eventuell zerkleinern. Die Tortenböden mit Marmelade bestreichen und dicht mit Obst belegen.

7 Apfelsaft mit Honig, Agar-Agar und Zimt verrühren, aufkochen lassen, leicht abkühlen und esslöffelweise über den Obstbelag gießen. Nach Belieben mit Sahne garnieren.

Tipp der Bäckerin

Torteletts können gut auf Vorrat gebacken werden. Man kann sie portionsweise einfrieren oder 2 bis 3 Wochen gut verpackt kühl aufbewahren.

Die Obsttörtchen können mit frischen Früchten der jeweiligen Saison belegt werden, so schmecken sie von April bis September.

Rezepte für Apfelkuchen gibt es ohne Zahl. Besonders berühmt sind die französischen Produkte dieser Art, allen voran die »Tarte Tatin«, deren Äpfel nur von einem Hauch von Teigdecke zusammengehalten werden.

Das Kerngehäuse von Äpfeln wird am einfachsten mit einem speziellen Apfelausstecher entfernt – Voraussetzung für den saftigen Bratapfelkuchen.

Apfelkuchen mal anders

Bratapfelkuchen

Springform von 20 cm Ø

Für den Teig:
125 g Mehl
1 1/2 TL Backpulver
1 Ei
80 g Zucker
80 g Butter
etwas Butter für die Form

Für die Füllung:
30 g Rosinen
1 EL Rum
6 säuerliche kleine Äpfel
(Cox Orange oder Boskop)

Für den Belag:
1/2 Päckchen Vanillepuddingpulver
375 g Sahne
75 g Zucker
1/2 Päckchen Vanillezucker
1 EL Mandelblättchen
1 EL Puderzucker

50 Minuten
20 Minuten Kühlzeit
40-45 Minuten Backzeit

1 Mehl mit Backpulver mischen und auf eine Arbeitsfläche sieben, in die Mitte eine Mulde drücken. Ei, Zucker und Butter in die Mulde geben. Alles zu einem glatten, geschmeidigen Teig verkneten, zu einer Kugel formen, in Klarsichtfolie wickeln und etwa 20 Minuten kühl stellen.

2 Die Springform gut einfetten und in den Kühlschrank stellen. Den Backofen auf 200 °C (Umluft 180 °C, Gas Stufe 3–4) vorheizen.

3 Die Rosinen mit dem Rum beträufeln und etwas ziehen lassen. Die Äpfel schälen und die Kerngehäuse mit einem Apfelausstecher herausstechen.

4 Mit 2/3 des Teiges den Boden der Springform auskleiden, mit dem Rest einen 2 Zentimeter hohen Rand andrücken. Die Äpfel aufrecht in die Springform setzen und mit den Rumrosinen füllen.

5 Das Puddingpulver mit der Sahne, dem Zucker und dem Vanillezucker glatt rühren und aufkochen. Die Masse noch heiß über die gefüllten Äpfel geben.

6 Den Kuchen im heißen Backofen auf der zweiten Schiene von unten etwa 40 bis 45 Minuten backen. Nach 30 Minuten die Mandelblättchen darüber streuen.

7 Die Form aus dem Ofen nehmen, 5 bis 10 Minuten beiseite stellen, den Kuchen auf einem Gitter erkalten lassen. Mit Puderzucker bestäubt servieren.

Variation:
Anstelle von Puderzucker können Sie über den Bratapfelkuchen auch Zucker mit Zimt gemischt und frisch in der Pfanne geröstete Mandelblättchen streuen.

Tipp der Bäckerin 

Dieser Kuchen entfaltet Geschmack und Aroma erst richtig, wenn er etwas durchgezogen ist, am besten über Nacht.

Saftiger Genüss

Birnenkuchen

Springform von 20 cm Ø
Für den Teig:
etwas Butter für die Form
125 g Mehl
40 g Zucker
65 g Butter
1 Ei
Für den Belag:
250 g Birnen (aus der Dose)
2 Eigelbe
50 g Zucker
1/2 Päckchen Vanillezucker
1/2 Päckchen Vanillepuddingpulver
1/8 l Milch
250 g Quark
100 g Sahne
Für den Guss:
2 Eiweiß
50 g Zucker

40 Minuten
45 Minuten Backzeit

1 Die Birnen aus der Dose nehmen, in ein Sieb geben und gut abtropfen lassen.

2 Die Springform einfetten und in den Kühlschrank stellen. Den Backofen auf 200 °C (Umluft 180 °C, Gas Stufe 3–4) vorheizen.

3 Aus Mehl, Zucker, Butter und Ei mit kalten Händen rasch einen Mürbeteig herstellen. Mit etwa 2/3 des Teiges den Boden der Form auskleiden, mit dem Rest einen 2 Zentimeter hohen Rand andrücken. Die Birnenstücke mit der Wölbung nach oben in der Form verteilen.

4 Eigelbe, Zucker und Vanillezucker schaumig rühren. Das Puddingpulver mit etwas Milch anrühren, Quark, Sahne und restliche Milch hinzufügen. Das Ganze kräftig aufschlagen, auf den Kuchen geben und etwa 35 Minuten backen.

5 Eiweiß mit Zucker steif schlagen, auf den Kuchen streichen und nochmals 10 Minuten backen.

6 Die Form aus dem Ofen nehmen und 5 bis 10 Minuten zur Seite stellen, den Kuchen aus der Form lösen und abkühlen lassen.

Eine Sommertorte

Philadelphia-Beeren-Torte

Springform von 20 cm Ø
Für den Teig:
etwas Butter für die Form
80 g Löffelbiskuits
65 g Butter
Für den Belag:
125 g Beerenmischung (frisch oder tiefgekühlt)
300 g Doppelrahm-Frischkäse
200 g Joghurt
1 1/2 EL Zitronensaft
1/2 Päckchen klarer Tortenguss
50 g Zucker

25 Minuten
3 Stunden Kühlzeit

1 Tiefgekühlte Beeren auftauen und gut abtropfen lassen (am besten über Nacht). Frische Beeren vorsichtig waschen, putzen und abtropfen lassen.

2 Die Springform einfetten und in den Kühlschrank stellen.

3 Die Löffelbiskuits in einen Gefrierbeutel bröckeln, den Beutel gut verschließen und die Biskuits mit dem Nudelholz sehr klein zerbröseln.

4 Die Butter schmelzen, mit den Bröseln vermischen und in die Springform drücken. Diese wieder kühl stellen.

5 Frischkäse, Joghurt und Zitronensaft cremig rühren. Tortenguss mit Zucker und Früchten (bis auf einen Rest zum Dekorieren) aufkochen, abkühlen lassen und mit der Frischkäsecreme verrühren.

6 Die Mischung in die Springform füllen, mit den restlichen Früchten dekorieren und etwa 3 Stunden in den Kühlschrank stellen.

Variation:
Verwenden Sie zur Dekoration einmal karamellisierte Himbeeren oder Brombeeren: Die Beeren mit Puderzucker bestäuben und unter dem Grill karamellisieren.

Diese Torte ist schnell zubereitet, da sie nicht gebacken wird, braucht aber etwas Zeit zum Kühlen.

Ein Winterkuchen

Orangen-Schokoladen-Kuchen

Variation: Belegen Sie einen flachen Kuchen einmal mit in Zuckersirup gedünsteten Orangenscheiben.

Kastenform von 20 cm Länge

- etwas Butter für die Form
- 1 kleine ungespritzte Orange
- 120 g weiche Butter
- 100 g Zucker, 2 Eier
- 100 g Mehl
- 1 1/2 TL Backpulver
- 2 Schnapsgläser Orangenlikör (Cointreau)
- 100 g Blockschokolade
- 100 g Zartbitter-Schokoladenglasur

40 Minuten
35–40 Minuten Backzeit
24 Stunden Ruhezeit

Orangen, deren Schale Sie verwenden möchten, kaufen Sie am besten im Naturkostladen. Dort können Sie sicher sein, dass die Schale nicht chemisch behandelt ist.

1 Die Form einfetten und kühl stellen. Den Backofen auf 200 °C (Umluft 180 °C, Gas Stufe 3–4) vorheizen.

2 Die Orange heiß abwaschen, abtrocknen und die Schale abreiben. Butter und Zucker schaumig rühren, Orangenschale zufügen, Eier nacheinander dazugeben. Mehl und Backpulver einarbeiten.

3 Den Teig in die Form füllen, glatt streichen und auf der zweiten Schiene von unten 35 bis 40 Minuten backen. Garprobe machen.

4 Die Form aus dem Ofen nehmen, 5 bis 10 Minuten stehen lassen, den Kuchen zum Auskühlen auf ein Gitter stürzen. Zugedeckt etwa 24 Stunden ruhen lassen.

5 Die Orange auspressen, den Saft mit dem Likör vermischen. Den Kuchen der Länge nach dreimal durchschneiden. Die Kuchenscheiben mit der Flüssigkeit tränken.

6 Die Blockschokolade mit der Schokoglasur im heißen Wasserbad schmelzen, etwas abkühlen lassen und jede Kuchenscheibe dünn damit bestreichen. Die Kuchenscheiben aufeinander schichten und rundum mit der restlichen Schokoglasur überziehen. Trocknen lassen.

Gelingt leicht

Joghurt-Mandarinen-Kuchen

Springform von 20 cm Ø

- 1 kleine Dose Mandarinen
- etwas Butter für die Form
- 2 Eier
- 125 g weiche Butter
- 125 g Zucker
- 1/2 Päckchen Vanillezucker
- 150 g Joghurt
- 150 g Mehl
- 1 TL Backpulver
- Puderzucker

25 Minuten
35–40 Minuten Backzeit

1 Die Mandarinen in ein Sieb geben und gut abtropfen lassen.

2 Die Springform einfetten und in den Kühlschrank stellen. Den Backofen auf 200 °C (Umluft 180 °C, Gas Stufe 3–4) vorheizen.

3 Eier, Butter, Zucker und Vanillezucker mit dem Handrührgerät schaumig schlagen, Joghurt hinzufügen. Mehl und Backpulver mischen, über die Mischung sieben und unterrühren.

4 Den Teig in die Springform füllen und glatt streichen. Die Mandarinen (bis auf einen Rest zum Dekorieren) darauf verteilen. Auf der zweiten Schiene von unten 35 bis 40 Minuten backen.

5 Die Form aus dem Ofen nehmen, 5 bis 10 Minuten ruhen lassen, den Kuchen aus der Form lösen und auf einem Gitter erkalten lassen.

6 Den Kuchen mit Puderzucker bestäuben und mit den restlichen Mandarinenstücken garnieren.

Tipp der Bäckerin

Damit die Mandarinen nicht im Teig verschwinden, sollte man sie nach dem Abtropfen etwas trockentupfen und in Mehl wälzen.
Obst aus der Dose oder dem Glas sollte grundsätzlich gut abtropfen, sonst zieht es zu viel Feuchtigkeit.

Für trübe Tage

Bananenkuchen

Kastenform von 20 cm Länge
etwas Butter für die Form
125 g Butter, 125 g Zucker
1/2 Päckchen Vanillezucker
2 Eier, 180 g Mehl
1 1/2 TL Backpulver
1/2 TL Zimt, 1 1/2 TL Kakaopulver
2 kleine Bananen
50 g gemahlene Haselnüsse
4 EL Milch
125 g Puderzucker, 2 TL Kaffeepulver

25 Minuten
50 Minuten Backzeit

1 Die Form einfetten, kühl stellen. Den Backofen auf 200 °C (Umluft 180 °C, Gas Stufe 3–4) vorheizen.

2 Butter, Zucker, Vanillezucker und Eier schaumig schlagen. Mehl, Backpulver, Zimt und Kakao unterrühren.

3 Die Bananen schälen und mit einer Gabel zerdrücken. Mit Nüssen und 2 Esslöffeln Milch unterheben.

4 Den Teig in die Form füllen, auf der mittleren Schiene 50 Minuten backen. Den Kuchen stürzen.

5 Puderzucker, Kaffeepulver und Milch glatt rühren, den Kuchen damit überziehen.

Mit einem Schokoladenguss oder einfach mit Puderzucker bestäubt schmeckt der Bananenkuchen Kindern sicherlich besser.

Für den Bananenkuchen verwenden Sie am besten reife Bananen, die schön süß schmecken.

Gut vorzubereiten

Vollwert-Mohn-Kirsch-Torte

Springform von 20 cm Ø
Für den Teig:
Backpapier
etwas Butter für die Form
3 Eier
3 EL heißes Wasser
125 g Honig
125 g gemahlener Mohn
75 g Dinkelvollkornmehl
1/2 TL Weinstein-Backpulver
je 1 Messerspitze Zimt, Vanille, Nelken
Für die Füllung:
300 g Sauerkirschen (aus dem Glas)
100 g Schichtkäse oder Magerquark
40 g Akazienhonig
3 Messerspitzen Johannisbrotkernmehl
350 g Sahne

60 Minuten
25–30 Minuten Backzeit

1 Den Boden der Form mit Backpapier auslegen, den Rand leicht einfetten und die Form kühl stellen. Den Backofen auf 175 °C (Umluft 160 °C, Gas Stufe 2–3) vorheizen.

2 Die Eier trennen. Eigelbe, Wasser und Honig mit dem Handrührgerät so lange schlagen, bis eine dicke, cremige Masse entsteht. Mohn, Dinkelvollkornmehl, Backpulver und die Gewürze mischen und in die Eimasse einarbeiten. Eiweiß steif schlagen und mit einem Teigschaber vorsichtig unterheben.

3 Den Teig in die Springform füllen, glatt streichen und auf der zweiten Schiene von unten 25 bis 30 Minuten backen.

4 Die Kirschen in ein Sieb geben und gut abtropfen lassen.

5 Die Form aus dem Ofen nehmen, 5 bis 10 Minuten ruhen lassen. Den Kuchen aus der Form lösen und auf einem Gitter erkalten lassen. Den Boden zweimal waagerecht durchschneiden.

6 Einen verstellbaren Tortenring oder den Springformrand um den unteren Boden schließen. Schichtkäse oder Magerquark mit Honig und 1 Messerspitze Johannisbrotkernmehl cremig rühren. Die Sahne mit restlichem Johannisbrotkernmehl steif schlagen und unter die Quarkmasse heben.

7 Von dieser Sahnecreme etwa 1/3 auf den untersten Boden streichen. Von den Kirschen die Hälfte (bis auf 12 Stück für die Dekoration) darauf verteilen, den zweiten Boden darauf setzen. Darauf das zweite Drittel der Sahne streichen, die restlichen Kirschen darauf verteilen und den letzten Boden darauf setzen.

8 Bis auf 4 Esslöffel den Tortenrand und den Tortendeckel mit der Creme bestreichen. Den Rest in einen Spritzbeutel mit großer Stern- oder Rosettentülle füllen und Rosetten auf die Torte spritzen, mit den restlichen Kirschen dekorieren.

Tipp der Bäckerin

Diese Torte am besten abgedeckt über Nacht in den Kühlschrank stellen.

Die Mohn-Kirsch-Torte ist das beste Beispiel dafür, dass Vollwerternährung nicht fad und langweilig schmeckt.

Etwas aufwändig

Ananas-Krokant-Kuchen

Die Füllung für den Krokantkuchen kann auch mit anderen Früchten, z. B. Birnen, Himbeeren oder Heidelbeeren, verfeinert werden.

Kastenform von 20 cm Länge
Für den Teig:
etwas Butter für die Form
100 g weiche Butter
75 g Zucker, 3 Eier
1 Päckchen Vanillezucker
1 Prise Salz
2 EL löslicher Kaffee, 1 1/2 EL Milch
120 g Mehl, 80 g Speisestärke
2 TL Backpulver
40 g gehackte Mandeln
Für die Füllung:
1 kleine Dose Ananasscheiben
1/2 Päckchen Vanillepuddingpulver
1/8 l Milch, 2 EL Zucker
50 g weiche Butter
100 g Krokant

50 Minuten
45–50 Minuten Backzeit

1 Die Kastenform einfetten und kühl stellen. Den Backofen auf 180 °C (Umluft 160 °C, Gas Stufe 2–3) vorheizen.

2 Butter, Zucker, Eier, Vanillezucker und Salz schaumig schlagen. Kaffee in der Milch auflösen, unterrühren. Mehl, Speisestärke und Backpulver in die Masse einarbeiten. Die Mandeln unterziehen.

3 Den Teig in die Form füllen und auf der zweiten Schiene von unten 45 bis 50 Minuten backen. Garprobe machen. Die Ananasscheiben gut abtropfen lassen.

4 Die Form aus dem Ofen nehmen, den Kuchen stürzen. Den erkalteten Kuchen einmal durchschneiden.

5 Das Puddingpulver mit kalter Milch und Zucker anrühren. Die restliche Milch zum Kochen bringen, das Puddingpulver dazugeben und aufkochen. Die Ananasringe bis auf 2 für die Dekoration pürieren und unterheben. Mit der weichen Butter zu einer cremigen Masse verrühren.

6 Auf der unteren Hälfte des Kuchens 1/3 der Creme verteilen. Den Deckel darauf setzen. Mit der restlichen Creme den Kuchen bestreichen, den Rand mit Krokant bestreuen. Mit Ananasstücken dekorieren.

Zum Frühstück

Pflaumenkranz

Springform mit Rohrbodeneinsatz von 20 cm Ø
Für die Füllung:
300 g Pflaumen, 35 g Zucker
30 g Speisestärke
Für den Teig:
etwas Butter für die Form
125 g Butter, 90 g Zucker
1/2 Päckchen Vanillezucker
2 Eier, 100 g Mehl
1 TL Backpulver
2 EL Aprikosenmarmelade
Puderzucker

50 Minuten
30–35 Minuten Backzeit

1 Die Pflaumen waschen, halbieren und entsteinen.

2 Die Rohrbodenform einfetten und in den Kühlschrank stellen. Den Backofen auf 200 °C (Umluft 180 °C, Gas Stufe 3–4) vorheizen.

3 Die Pflaumen in 2 Esslöffeln Wasser und Zucker aufkochen. Speisestärke mit 2 Esslöffeln Wasser glatt rühren, in die Pflaumen rühren und nochmals kurz aufkochen. Abkühlen lassen.

4 Die Butter mit Zucker und Vanillezucker schaumig schlagen. Die Eier nacheinander unterrühren. Mehl und Backpulver in die Eimasse einarbeiten.

5 Die Hälfte des Teigs in die Form füllen, das Pflaumenkompott darauf verteilen, restlichen Teig darüber geben. Auf der zweiten Schiene von unten 30 bis 35 Minuten backen.

6 Form aus dem Ofen nehmen, 5 bis 10 Minuten ruhen lassen, den Pflaumenkranz zum Abkühlen auf ein Kuchengitter stürzen.

7 Die Aprikosenmarmelade erwärmen, durch ein Sieb streichen und den Kuchen damit überziehen. Mit Puderzucker bestäuben.

Bei dem Pflaumenkranz versteckt sich zwischen zwei luftigen Teigschichten frisch gekochtes Pflaumenkompott.

Tipp der Bäckerin

Soll über eine Aprikotur oder über einen Guss Puderzucker gestäubt werden, muss alles völlig erkaltet sein.

Mürbeteig sollte zügig und mit kalten Händen verarbeitet werden und vor der Weiterverarbeitung immer gekühlt werden. Der Teig verträgt keine Wärme, er wird dadurch weich und klebrig.

Marzipan kam aus dem Orient zu uns. Im Mittelalter wurde es von den Apothekern als Kraftbrot, Heil- und Schlafmittel verordnet.

Für besondere Anlässe

Apfel-Marzipan-Vanille-Kuchen

Springform von 20 cm Ø

Für den Teig:

125 g Mehl, 85 g weiche Butter
45 g Zucker, 1 Ei
1 Prise Salz
etwas Butter für die Form

Für die Füllung:

200 g Äpfel
60 g gehackte Mandeln
60 g Rosinen
65 g Marzipanrohmasse
160 ml Milch, 85 g Zucker
2 gehäufte TL Vanillepuddingpulver
2 Eier

35 Minuten
45 Minuten Kühlzeit
35–40 Minuten Backzeit

1 Mehl, Butter, Zucker, Ei und Salz zu einem glatten Mürbeteig verarbeiten. 45 Minuten kühl stellen.

2 Die Form einfetten, kühl stellen. Den Backofen auf 190 °C (Umluft 175 °C, Gas Stufe 3–4) vorheizen.

3 Mit 2/3 des Teiges den Boden der Springform auskleiden, mit dem Rest einen 2 bis 3 Zentimeter hohen Rand andrücken.

4 Die Äpfel schälen, vierteln, entkernen, das Fruchtfleisch in dünne Spalten schneiden. Mandeln und Rosinen mischen, mit den Äpfeln auf dem Mürbeteig verteilen.

5 Die Marzipanrohmasse zerbröckeln und in 60 Milliliter Milch auflösen. 80 Milliliter Milch mit Zucker und Marzipanmilch aufkochen. Puddingpulver in der restlichen Milch auflösen, in die kochende Milch geben und aufkochen. Abkühlen lassen, die Eier nacheinander beifügen.

6 Die Puddingcreme über den Äpfeln verteilen, auf der mittleren Schiene 35 bis 40 Minuten backen. Die Form aus dem Ofen nehmen, 5 bis 10 Minuten ruhen lassen und den Kuchen aus der Form lösen.

Ein Sommerkuchen

Kirschkuchen mit Streuseln

Springform von 20 cm Ø

Für den Teig:

200 g Sauerkirschen (aus dem Glas)
etwas Butter für die Form
125 g weiche Butter, 100 g Zucker
1/2 Päckchen Vanillezucker
2 Eier
125 g Mehl, 1 TL Backpulver
100 g saure Sahne, 2 EL Zucker

Für die Streusel:

75 g Mehl, 50 g Zucker
50 g Butter, Puderzucker

35 Minuten
40–45 Minuten Backzeit

1 Die Kirschen in ein Sieb geben und gut abtropfen lassen.

2 Die Springform einfetten und in den Kühlschrank stellen. Den Backofen auf 200 °C (Umluft 180 °C, Gas Stufe 3–4) vorheizen.

3 Butter, Zucker und Vanillezucker schaumig schlagen, die Eier nacheinander unterrühren. Mehl und Backpulver mischen, über die Eicreme sieben und einarbeiten.

4 Für die Streusel Mehl, Zucker und Butter miteinander mischen, durchkneten und mit den Fingern zu Streuseln verkrümeln.

5 Den Teig in die Form füllen, glatt streichen. Die saure Sahne mit Zucker verrühren und auf den Teig geben. Die Kirschen darauf verteilen, leicht andrücken. Streusel darüber streuen. Den Kuchen auf der zweiten Schiene von unten 40 bis 45 Minuten backen.

6 Die Form aus dem Ofen nehmen, 5 bis 10 Minuten stehen lassen, den Kuchen aus der Form lösen und auf einem Gitter völlig erkalten lassen. Mit Puderzucker bestäuben.

Variation:
Dieser Kuchen schmeckt auch mit Aprikosen, Äpfeln oder Pflaumen.

Der Streuselkuchen mit Sauerkirschen schmeckt frisch aus dem Ofen am besten.

Kinder backen selbst

Kinder wollen nicht nur zusehen, sie wollen selbst mitbacken, vor allem wenn es um Kuchen und Törtchen für ihre eigenen Feste und Partys geht. Die Angst der Erwachsenen vor klebenden Küchenmöbeln ist unbegründet, denn hier gibt es eine ganze Reihe von Rezepten, die von kleineren und größeren Kindern bewältigt werden können. Für Ungeduldige gibt es ganz schnelle Rezepte, aber auch die kleinen und etwas größeren Tüftler kommen auf ihre Kosten.

Gelingt immer

Mohrenkopftorte

Springform von 14 cm Ø
Für den Teig:
etwas Butter für die Form
Semmelbrösel für die Form
40 g Butter
40 g Zucker, 1 kleines Ei
60 g Mehl
1/2 TL Backpulver
16 dunkle Mini-Mohrenköpfe
Zum Verzieren:
100 g Schokoladenglasur (Zartbitter oder Vollmilch)
100 g Sahne

60 Minuten
20–25 Minuten Backzeit

1 Die Springform einfetten, mit Semmelbröseln ausstreuen und in den Kühlschrank stellen. Den Backofen auf 180 °C (Umluft 160 °C, Gas Stufe 2–3) vorheizen.

2 Butter, Zucker und Ei mit den Quirlen des Handrührers cremig rühren. Mehl und Backpulver über die Mischung sieben und unterrühren, bis alles schön glatt ist.

3 Den Teig in die Springform füllen und auf der mittleren Schiene 20 bis 25 Minuten backen.

4 Die Form aus dem Ofen nehmen, 5 bis 10 Minuten ruhen lassen, den Boden aus der Form lösen und erkalten lassen. Den Kuchen einmal waagerecht durchschneiden.

5 Die Mohrenköpfe in eine weite flache Schüssel geben und mit einer Gabel zerdrücken. Diese Masse auf den unteren Boden streichen, den Kuchendeckel darauf setzen.

6 Die Schokoladenglasur im heißen Wasserbad schmelzen, den Kuchen damit überziehen, trocknen und erkalten lassen.

7 Die Sahne am besten mit dem Schneebesen sehr steif schlagen, in einen Spritzbeutel mit Stern- oder Rosettentülle füllen und acht bis zehn Rosetten als Verzierung auf die Torte spritzen.

Tipp der Bäckerin

Bei einem Geburtstagskuchen kann man statt Sahnerosetten kleine bunte Kerzen in die Torte stecken.

Für den Kindergeburtstag

Bärenparty

Bärenbackform mit 6 Bären
Für den Teig:
etwas Butter für die Form
125 g Butter
100 g Zucker
1 Päckchen Vanillezucker
2 Eier
175 g Mehl
2 TL Backpulver
2 EL Kakaopulver
2 EL Milch
Zum Verzieren:
200 g Schokoladenglasur, Vollmilch- oder Zartbitterkuvertüre
bunte Streusel und Smarties

35 Minuten
25–30 Minuten Backzeit

1 Die Bärenbackform einfetten und in den Kühlschrank stellen. Den Backofen auf 180 °C (Umluft 160 °C, Gas Stufe 2–3) vorheizen.

2 Butter, Zucker und Vanillezucker schaumig rühren, die Eier nacheinander einarbeiten. Mehl, Backpulver und Kakaopulver sieben und unterrühren. Milch hinzufügen.

3 Den Teig gleichmäßig in die Bärenform füllen, glatt streichen. Auf der zweiten Schiene von unten 25 bis 30 Minuten backen.

4 Die Form aus dem Ofen nehmen, 5 bis 10 Minuten stehen lassen. Die Bären auf ein Kuchengitter stürzen und auskühlen lassen.

5 Schokoladenglasur oder Kuvertüre im heißen Wasserbad schmelzen, die einzelnen Bären damit überziehen und die noch feuchte Glasur mit bunten Streuseln und Smarties dekorieren.

Variation:
Natürlich gibt es auch Backformen mit anderen Motiven wie Blumen, Schmetterlinge, Käfer oder Formen für Ostern und Weihnachten mit Osterhasen, Engeln und Weihnachtsmännern – für jede Gelegenheit eine passende.

Die kleinen Bären sind sicherlich schneller aufgegessen als sie gebacken sind.

Tipp der Bäckerin

Ist die Kuvertüre zu dickflüssig, kann sie mit etwas neutralem Öl oder Palmin verdünnt werden.

Für Groß und Klein

Spiegeleier-Torteletts

Für 6 Torteletts

Für den Teig:
- etwas Butter für die Form
- 2 Eigelbe
- 60 g Zucker
- 1 Päckchen Vanillezucker
- 2 Eiweiß
- 30 g Speisestärke
- 60 g Mehl
- 1 TL Backpulver

Für die Creme:
- 200 g Sahne
- 4 EL Orangensaft

Für den Belag:
- 1 kleine Dose Pfirsiche
- 1/2 Päckchen klarer Tortenguss
- 2 EL Zucker
- 1/8 l Wasser oder Obstsaft

45 Minuten
12–15 Minuten Backzeit

1 Die Tortelettförmchen gut einfetten und in den Kühlschrank stellen. Den Backofen auf 200 °C (Umluft 180 °C, Gas Stufe 3–4) vorheizen.

2 Eigelbe mit Zucker und Vanillezucker cremig rühren. Eiweiß mit 1 Esslöffel kaltem Wasser steif schlagen und vorsichtig unterheben.

3 Speisestärke, Mehl und Backpulver mischen, über die Eimasse sieben und unterziehen.

4 Den Teig in die Tortelettförmchen füllen und auf der zweiten Schiene von unten 12 bis 15 Minuten backen.

5 Förmchen aus dem Ofen nehmen, 5 bis 10 Minuten beiseite stellen. Die Torteletts auf ein Kuchengitter stürzen und auskühlen lassen.

6 Für die Creme Sahne mit Orangensaft steif schlagen. Auf die Torteletts streichen und je 1 Pfirsichhälfte in die Mitte setzen.

7 Den Tortenguss mit Zucker und Wasser oder Obstsaft nach Anweisung kochen und die Torteletts damit überziehen.

Tipp der Bäckerin

Die Torteletts sind ideal für Kindergeburtstage. Für Erwachsene die Creme mit 2 Esslöffeln Orangensaft und 2 Esslöffeln Orangenlikör (Cointreau) anrühren.

Besonders gut gelingt der Teig, wenn die Eigelbe kurz mit dem Schneebesen cremig gerührt werden.

Für Schleckermäuler

Giotto-Torte

Springform von 20 cm Ø
Für den Teig:
etwas Butter für die Form
100 g Butter
100 g Zucker
3 Eier
30 g Mehl
1 TL Backpulver
150 g gemahlene Haselnüsse
Für den Belag:
3 Rollen Giotto
(gefüllte Haselnusskugeln)
400 g Sahne

45 Minuten
35–40 Minuten Backzeit

1 Die Springform einfetten und kühl stellen. Den Backofen auf 200 °C (Umluft 180 °C, Gas Stufe 3–4) vorheizen.

2 Butter und Zucker schaumig rühren. Die Eier nacheinander einarbeiten. Mehl und Backpulver mischen, über die Eimasse sieben und einarbeiten, ebenso die Nüsse.

3 Den Teig in die Springform füllen, glatt streichen und auf der zweiten Schiene von unten 35 bis 40 Minuten backen. Garprobe machen.

4 Die Form aus dem Ofen nehmen, 5 bis 10 Minuten beiseite stellen, den Kuchen vorsichtig aus der Form lösen und auf einem Gitter auskühlen lassen.

5 Für den Belag die Haselnusskugeln bis auf 4 Stück im Mixer zerkleinern. Die Sahne steif schlagen, 2/3 davon unter die zerbröselten Haselnusskugeln heben.

6 Einen Tortenring oder den Springformrand um den erkalteten Boden schließen. Die Sahne-Haselnuss-Mischung gleichmäßig darauf verteilen und glatt streichen.

7 Die restliche Sahne in einen Spritzbeutel mit Stern- oder Rosettentülle füllen und acht Tupfer auf die Torte spritzen. Die 4 restlichen Haselnusskugeln halbieren und auf die Sahnetupfer setzen.

Tipp der Bäckerin

Beim Einkauf von Haselnüssen darauf achten, dass sie aus Spanien kommen. Ihr Fettanteil ist geringer (etwa 50 %) als bei den türkischen Nüssen (knapp 70 %), und daher werden sie nicht so schnell ranzig.

Wie die meisten Torten lässt sich auch diese wunderbar vorbereiten: Der Tortenboden kann einfach am Vortag gebacken werden und dann vor dem Servieren mit der Creme bestrichen und verziert werden.

Die kleinen Haselnusskugeln schmecken nicht nur pur, sondern sind auch eine tolle Zutat für diese Torte.

Aufwändig, aber lustig

Spaghettitorte

Tipp der Bäckerin

Die Spaghettitorte muss mindestens 1 Stunde gekühlt werden, damit sie die richtige Festigkeit bekommt.

Springform von 20 cm Ø

Für den Teig:
- etwas Butter für die Form
- 2 Eier
- 90 g Zucker
- 1 Päckchen Vanillezucker
- 60 g Mehl
- 40 g Speisestärke
- 1 TL Backpulver

Für die Füllung:
- 400 g Vanillejoghurt
- 20 g Zucker
- 2–3 Blatt weiße Gelatine
- 400 g Sahne
- 1 Päckchen Paradiescreme Vanille
- Himbeer- oder Erdbeersauce
- weiße Schokolade

50 Minuten
25–30 Minuten Backzeit
60 Minuten Kühlzeit

Erdbeersauce lässt sich wunderbar aus frischen Erdbeeren zubereiten (Erdbeeren eventuell mit etwas Zucker pürieren). So schmeckt die Spaghettitorte noch besser.

1 Die Springform einfetten und kühl stellen. Den Backofen auf 200 °C (Umluft 180 °C, Gas Stufe 3–4) vorheizen.

2 Eier trennen. Eiweiß mit 2 Esslöffeln kaltem Wasser steif schlagen. Zucker und Vanillezucker einrieseln lassen. Eigelbe unterziehen. Mehl, Stärke und Backpulver mischen und unter die Eimasse heben.

3 Den Teig in die Form füllen, glatt streichen und auf der mittleren Schiene 25 bis 30 Minuten backen.

4 Die Form aus dem Ofen nehmen, kurz zur Seite stellen. Den Boden aus der Form lösen und erkalten lassen.

5 Vanillejoghurt mit Zucker aufschlagen. Die Gelatine etwa 5 Minuten in warmem Wasser einweichen, ausdrücken und unter den Joghurt rühren. Von der Sahne 200 Gramm steif schlagen und unter die Masse heben, kalt stellen.

6 Einen Tortenring um den Biskuitboden legen und die Masse darauf verteilen.

7 Die restlichen 200 Gramm Sahne steif schlagen, das Pulver der Paradiescreme unterrühren. Die Masse in einen Spritzbeutel mit Spaghetti- oder kleiner Lochtülle füllen. Auf die Torte ein Spaghettimuster spritzen, die Himbeer- oder Erdbeersauce darüber träufeln und die weiße Schokolade darüber raspeln. 60 Minuten kühlen.

Tipp der Bäckerin

Zur weiteren Dekoration kann man auch noch weiße Schokolade schmelzen und mit einem Löffel Linien über die dunkle Kuvertüre ziehen. Oder diese mit bunten Streuseln bestreuen.

Geht schnell

Milky-way-Kuchen

Kastenform von 15 cm Länge

Für den Teig:

etwas Butter für die Form
Semmelbrösel für die Form
60 g Butter
40 g Zucker
1 Ei
1 gehäufter EL gemahlene Mandeln
60 g Mehl
1 EL Speisestärke
1/2 TL Backpulver
2 Milky-way-Schokoriegel

Zum Verzieren:

50 g Schokoladenguss oder Zartbitterkuvertüre

35 Minuten
20–25 Minuten Backzeit

1 Die Kastenform einfetten, mit Semmelbröseln ausstreuen und in den Kühlschrank stellen. Den Backofen auf 180 °C (Umluft 160 °C, Gas Stufe 2–3) vorheizen.

2 Butter, Zucker und Ei mit dem Handrührgerät schaumig rühren, die Mandeln unterziehen. Mehl, Speisestärke und Backpulver mischen, über die Masse sieben und einarbeiten. Die Schokoriegel hineinbröckeln.

3 Den Teig in die Kastenform füllen, glatt streichen und im vorgeheizten Backofen auf der mittleren Schiene 20 bis 25 Minuten backen.

4 Die Form aus dem Ofen nehmen, 5 bis 10 Minuten beiseite stellen, den Kuchen auf ein Gitter stürzen und erkalten lassen.

5 Den Schokoguss oder die Kuvertüre über dem Wasserbad langsam schmelzen, den Kuchen großzügig damit überziehen und trocknen lassen.

Schokoriegel eignen sich gut zum Backen, da sie gut schmelzen und meist köstlich gefüllt sind.

Gelingt immer

Bounty-Kuchen

Kastenform von 15 cm Länge

Für den Teig:

etwas Butter für die Form
Semmelbrösel für die Form
2 Bounty-Schokoriegel
80 g Mehl
60 g Zucker
60 g Sahne
30 g Kokosflocken
1/2 EL Kakaopulver
2 TL Vanillezucker
2 TL Backpulver
1 Ei

Zum Verzieren:

50 g Schokoladenguss oder Vollmilchkuvertüre
30 g Kokosflocken

30 Minuten
25–30 Minuten Backzeit

1 Die Kastenform einfetten, mit Semmelbröseln ausstreuen und in den Kühlschrank stellen. Den Backofen auf 180 °C (Umluft 160 °C, Gas Stufe 2–3) vorheizen.

2 Die Schokoriegel in eine hohe Schüssel bröckeln. Das Mehl darüber sieben. Alle übrigen Zutaten hinzufügen und alles auf einmal zu einem glatten Teig rühren.

3 Den Teig in die Form füllen und glatt streichen. Auf der mittleren Schiene 25 bis 30 Minuten backen.

4 Die Form aus dem Ofen nehmen und 5 bis 10 Minuten beiseite stellen. Nach dem Abkühlen den Kuchen auf ein Gitter stürzen und völlig erkalten lassen.

5 Schokoguss oder Kuvertüre im heißen Wasserbad schmelzen, den Kuchen damit überziehen und mit den Kokosflocken bestreuen.

Tipp der Bäckerin

Wer es gern bunt hat, kann auf den noch feuchten Guss bunte Zuckerstreusel streuen (leicht andrücken) oder ein hübsches Muster mit Smarties gestalten.

Der Geschmack der Kokosnuss sorgt beim Bounty-Kuchen für exotischen Genuss.

Kinderleicht

Buttermilchkuchen

Tipp der Bäckerin

Nach Belieben können auch Früchte wie Heidelbeeren, Himbeeren, klein geschnittene Ananas oder Mandarinen in den Teig gegeben werden.

Kastenform von 15 cm Länge
etwas Butter für die Form
Semmelbrösel für die Form
50 g weiche Butter
50 g Zucker
2 kleine Eier
50 g Mehl
1/2 TL Backpulver
80 g Buttermilch
abgeriebene Schale von
1/2 unbehandelten Zitrone
2 TL Speisestärke
Puderzucker

30 Minuten
30–40 Minuten Backzeit

1 Die Kastenform einfetten, mit Semmelbröseln ausstreuen und in den Kühlschrank stellen. Den Backofen auf 200 °C (Umluft 180 °C, Gas Stufe 3–4) vorheizen.

2 Die Butter mit 40 Gramm Zucker und 1 Ei mit dem Handrührgerät cremig rühren. Mehl und Backpulver über die Buttermasse sieben und einarbeiten.

3 Den Teig in die Form füllen, glatt streichen und auf der mittleren Schiene 10 bis 15 Minuten backen. Die Form aus dem Ofen nehmen.

4 Die Buttermilch mit dem restlichen Zucker, dem Ei, der Zitronenschale und der Speisestärke verrühren. Die Masse über den Kuchen in die Form füllen. Nochmals 20 bis 25 Minuten backen.

5 Die Form aus dem Ofen nehmen, den Kuchen in der Form erkalten lassen. Erst dann aus der Form lösen und mit Puderzucker bestäuben.

Frische Buttermilch und das feine Aroma von Zitronen- oder Orangenschalen geben dem Buttermilchkuchen seinen besonderen Geschmack.

Für kleine Geübte

Bunter Sommerkuchen

Obstboden von 22 cm Ø
Für den Teig:
etwas Butter für die Form
30 g Butter
2 Eier, 100 g Zucker
1 Prise Salz
100 g Mehl
25 g Speisestärke
1 TL Backpulver
Für den Belag:
200–300 g Himbeeren
1 Päckchen roter Tortenguss
200 g Schmand

45 Minuten
15 Minuten Backzeit

1 Die Obstbodenform einfetten und in den Kühlschrank stellen. Den

Backofen auf 200 °C (Umluft 180 °C, Gas Stufe 3–4) vorheizen.

2 Die Butter zerlassen. Eier, Zucker und Salz schaumig rühren und die Butter einarbeiten. Mehl, Speisestärke und Backpulver sieben und unter den Teig mischen.

3 Den Teig in die Form füllen und auf der zweiten Schiene von unten 15 Minuten backen.

4 Die Form aus dem Ofen nehmen, 5 bis 10 Minuten beiseite stellen, den Kuchenboden auf ein Gitter stürzen und auskühlen lassen.

5 Für den Belag die Himbeeren verlesen, kurz waschen, trockentupfen und pürieren. Den Tortenguss nach Anweisung zubereiten, die Himbeeren hineinrühren und das Ganze abkühlen lassen. Mit dem Schmand zu einer cremigen Masse aufschlagen. Auf dem Kuchenboden verteilen und kühl stellen.

Macht etwas Arbeit

Maitorte

Obstboden von 22 cm Ø

Für den Teig:

- etwas Butter für die Form
- 30 g weiche Butter
- 2 Eier, 100 g Zucker
- 1 Prise Salz
- 100 g Mehl, 25 g Speisestärke
- 1 TL Backpulver

Für den Belag:

- 150 g Sahnequark, 75 g Zucker
- 1 Päckchen Götterspeise (Zitrone, Himbeer oder Kirsch, kein Instant)
- 125 g Sahne

35 Minuten
15–20 Minuten Backzeit

1 Die Form einfetten, kühl stellen. Den Backofen auf 200 °C (Umluft 180 °C, Gas Stufe 3–4) vorheizen.

2 Die Butter mit Eiern, Zucker und Salz schaumig rühren. Mehl, Speisestärke und Backpulver sieben und einarbeiten.

3 Den Teig in die Form füllen und auf der mittleren Schiene 15 bis 20 Minuten backen.

4 Die Form aus dem Ofen nehmen, 5 bis 10 Minuten beiseite stellen, den Obstboden stürzen.

5 Quark und Zucker cremig aufschlagen. Die Götterspeise in einer Tasse mit heißem Wasser auflösen, etwas abkühlen lassen und noch warm mit dem Quark verrühren.

6 Die Sahne steif schlagen, unter die Quarkmasse heben, auf den Biskuitboden streichen und die Torte kalt stellen.

Tipp der Bäckerin

Die Maitorte können Sie nach Belieben noch mit Sahnetupfern verzieren.

Quark ist ein ungereifter Frischkäse mit weicher Konsistenz. Er wird als Magerquark und als Quark mit den Fettgehalten 20 und 40 Prozent angeboten.

Süßes Geschenk

Geburtstagskuchen

Der Kuchen muss nicht nach klassischer Art vom Guss völlig überzogen sein. Sie können den Guss auch in dicken Streifen von oben nach unten laufen lassen.

Gugelhupfform von 16 cm Ø

Für den Teig:
- etwas Butter für die Form
- 50 g Blockschokolade
- 3 Eier
- 50 g Mandeln
- 100 g Butter
- 100 g Zucker
- 1/2 Päckchen Vanillezucker
- 100 g Mehl
- 1/2 TL Backpulver
- 2 EL Milch

Für den Guss:
- 100 g Schokoladen-Fettglasur

60 Minuten
30 Minuten Backzeit

1 Die Gugelhupfform einfetten und in den Kühlschrank stellen. Den Backofen auf 200 °C (Umluft 180 °C, Gas Stufe 3–4) vorheizen.

2 Die Blockschokolade im heißen Wasserbad langsam schmelzen. Die Eier trennen. Eiweiß steif schlagen und beiseite stellen.

Es gibt im Handel diverse Dekorartikel aus Schokolade und Zucker, mit denen der Geburtstagskuchen den letzten Schliff bekommt.

3 Die Mandeln kurz mit heißem Wasser überbrühen, häuten, trockentupfen und mahlen. Butter, Zucker und Vanillezucker schaumig schlagen. Nach und nach die Eigelbe und die geschmolzene Schokolade hinzufügen. Mehl und Backpulver über die Masse sieben und abwechselnd mit der Milch (löffelweise) unter die Crememasse rühren. Die Mandeln beifügen und den Eischnee vorsichtig unter den Teig heben.

4 Den Teig in die Gugelhupfform füllen und auf der zweiten Schiene von unten 30 Minuten backen. Garprobe machen.

5 Die Form aus dem Ofen nehmen, 5 bis 10 Minuten beiseite stellen, den Kuchen auf ein Gitter stürzen und auskühlen lassen.

6 Die Fettglasur im heißen Wasserbad langsam schmelzen und den Kuchen damit großzügig überziehen, trocknen lassen.

Tipp der Bäckerin

Bestreuen Sie den noch weichen Schokoguss mit bunten Streuseln oder Smarties. Ein paar kleine Kerzen darauf oder eine große in die Mitte gesetzt, und fertig ist der Geburtstagskuchen für Groß oder Klein.

Tipp der Bäckerin

Wenn man ein marmoriertes Muster in den Muffins haben will, zieht man ein Holzstäbchen spiralförmig durch jede einzelne Teigportion in der Muffinform.

Für den Kindergeburtstag

Schwarz-weiß-Muffins

Muffinform für 12 Stück
Für den Teig:
etwas Butter für die Form
2 Eier, 6 EL Milch
125 g Butter
125 g Zucker
1/2 Päckchen Vanillezucker
250 g Mehl
1/2 Päckchen Backpulver
1 Prise Salz
Für die Kakaoschicht:
4 EL Kakaopulver, 2 EL Milch
2 EL Zucker
Für den Guss:
75 g Zartbitterkuvertüre
25 g weiße Kuvertüre

45 Minuten
20 Minuten Backzeit

1 Die Muffinform einfetten und in den Kühlschrank stellen. Den Backofen auf 200 °C (Umluft 180 °C, Gas Stufe 3–4) vorheizen.

2 Die Eier mit den Quirlen des Handrührers schaumig schlagen. Milch, Butter, Zucker und Vanillezucker in die Eimasse rühren. Mehl, Backpulver und Salz darauf sieben und einarbeiten.

3 Kakaopulver, Milch und Zucker verrühren und 1/3 des hellen Teigs damit dunkel färben.

4 In die Vertiefungen der Muffinform je 1 Esslöffel hellen Teig füllen, 1/2 Esslöffel dunklen Teig darüber geben und mit 1/2 Esslöffel hellem Teig bedecken.

5 Die Muffins 20 Minuten backen. Die Form aus dem Ofen nehmen, 5 bis 10 Minuten abkühlen lassen und die Muffins herausheben.

6 Die dunkle und die helle Kuvertüre getrennt voneinander im heißen Wasserbad schmelzen. Die Muffins zuerst mit der Zartbitterkuvertüre überziehen und etwas antrocknen lassen. Anschließend mit einem Esslöffel die weiße Kuvertüre in dünnen Fäden darüber ziehen.

Für Schleckermäuler

Bananen-Nuss-Muffins

Muffinform für 12 Stück
Für den Teig:
etwas Butter für die Form
30 g Haselnüsse
125 g Butter
125 g Zucker
1/2 Päckchen Vanillezucker
2 Eier, 125 g Mehl
1 1/2 TL Backpulver
2 gehäufte EL Kakaopulver
2 reife Bananen
2 EL Milch
Zum Verzieren:
Schokoglasur oder Kuvertüre
Smarties oder bunte Schokostreusel

40 Minuten
20 Minuten Backzeit

1 Die Muffinform einfetten und in den Kühlschrank stellen. Den Backofen auf 200 °C (Umluft 180 °C, Gas Stufe 3–4) vorheizen.

2 Die Haselnüsse fein mahlen. Butter mit Zucker und Vanillezucker schaumig schlagen, die Eier nacheinander unterrühren. Mehl, Backpulver und Kakaopulver miteinander mischen, über die Eimasse sieben und einarbeiten. Die gemahlenen Haselnüsse unterziehen.

3 Die Bananen schälen, mit einer Gabel zu feinem Mus zerdrücken, mit der Milch verrühren und unter den Teig heben.

4 Die Vertiefungen der Muffinform nur zu 2/3 ihrer Höhe füllen, da der Teig sehr hoch aufgeht. Die Muffins im heißen Backofen auf der zweiten Schiene von unten 20 Minuten backen.

5 Die Muffinform aus dem Ofen nehmen, 5 bis 10 Minuten beiseite stellen und die Muffins vorsichtig herausheben.

6 Schokoglasur oder Kuvertüre im heißen Wasserbad schmelzen, die Muffins damit überziehen und den noch feuchten Guss nach Belieben mit Smarties oder bunten Schokostreuseln bestreuen.

Die Bananen-Nuss-Muffins sind ein tolles kleines Mitbringsel. Vor dem Einpacken vollständig abkühlen lassen.

Die Muffins müssen nicht ganz mit dem Guss überzogen werden. Man kann auch nur die obere Hälfte in den Schokoguss tauchen und sie dann auf einem Gitter trocknen lassen.

Torten

Es geht doch nichts über ein Stück cremige Torte, die Schicht für Schicht wahre Gaumenfreuden verspricht. Wenn sich unter der Sahne noch saftige Erdbeeren, Pfirsiche, Orangen oder Äpfel verstecken oder die Torte mit reichlich Schokolade verziert ist, ist der Genuss perfekt. Auch Vollwertfans kommen in diesem Kapitel auf ihre Kosten: Die vollwertige Tiramisutorte ist einfach göttlich.

Tipp der Bäckerin 

Eischnee grundsätzlich mit einem Rührlöffel oder einem Teigschaber vorsichtig unterheben. Nicht zu schnell rühren, sonst fällt die Teigmasse zusammen und der Kuchen wird nicht locker.

Gut vorzubereiten

Schokotorte

Springform von 20 cm Ø
- etwas Butter für die Form
- 140 g Zartbitterkuvertüre
- 6 Eier, 140 g Butter
- 120 g Puderzucker
- 1 Vanilleschote
- 1 Prise Salz
- 100 g Mehl, 1 TL Backpulver
- 120 g gemahlene Mandeln
- 150 g Aprikosenkonfitüre
- 300 g Fettglasur

45 Minuten
35–40 Minuten Backzeit

1 Die Springform einfetten und kühl stellen. Den Backofen auf 200 °C (Umluft 180 °C, Gas Stufe 3–4) vorheizen.

2 Die Kuvertüre im heißen Wasserbad schmelzen. Eier trennen. Eigelbe mit der Butter und 1/3 des Puderzuckers schaumig rühren. Die Vanilleschote aufschlitzen, das Mark herauskratzen und mit Salz und der Kuvertüre unter die Eimischung rühren. Eiweiß mit dem Puderzucker steif schlagen und unterheben.

3 Mehl, Backpulver und Mandeln locker unter die Masse heben. Den Teig in die Form füllen und 35 bis 40 Minuten backen.

4 Die Form aus dem Ofen nehmen, 5 bis 10 Minuten beiseite stellen. Den Tortenboden aus der Form lösen und erkalten lassen.

5 Konfitüre erwärmen und durch ein Haarsieb streichen. Die Torte einmal durchschneiden. Deckel mit der Wölbung nach unten legen und beide Teile mit der Aprikosenkonfitüre bestreichen, zusammensetzen.

6 Die Fettglasur im Wasserbad schmelzen und die Torte damit überziehen. Fest werden lassen.

Locker und saftig

Krümeltorte

Springform von 20 cm Ø

Für den Teig:
- etwas Butter für die Form
- Backpapier
- 100 g weiche Butter
- 90 g Zucker, 2 Eier
- 90 g gemahlene Haselnüsse
- 1/2 TL Zimt, 40 g Mehl
- 1 1/2 TL Backpulver
- 50 g Schokoraspeln

Für die Füllung:
- 3 Scheiben Ananas (aus der Dose)
- 400 g Sahne, 3 TL Puderzucker

50 Minuten
40–45 Minuten Backzeit

1 Den Rand der Form einfetten, den Boden mit Backpapier auslegen und die Form kühl stellen. Den Backofen auf 180 °C (Umluft 160 °C, Gas Stufe 2–3) vorheizen.

2 Butter und Zucker cremig schlagen, Eier nacheinander unterrühren,

Nüsse und Zimt beifügen. Mehl mit Backpulver über die Masse sieben und einarbeiten.

3 Den Teig in die Springform füllen, glatt streichen und auf der zweiten Schiene von unten 40 bis 45 Minuten backen. Die Ananasscheiben in ein Sieb geben und gut abtropfen lassen.

4 Die Form aus dem Ofen nehmen, 5 bis 10 Minuten beiseite stellen. Den Tortenboden aus der Form lösen und erkalten lassen.

5 Den Deckel des ausgekühlten Bodens 1 bis 1 1/2 Zentimeter dünn abschneiden und zerkrümeln, mit den Schokoraspeln vermischen. Den Boden auf eine Tortenplatte legen und einen verstellbaren Tortenring oder den Springformrand darum schließen.

6 Für die Füllung Sahne und Puderzucker sehr steif schlagen. Ananas in kleine Stücke schneiden und unter die Sahne heben. Die Masse auf dem Tortenboden verteilen und glatt streichen.

7 Die Kuchenbrösel darüber streuen und andrücken. Dieser Kuchen sollte unbedingt über Nacht im Kühlschrank ruhen.

Die nussige Krümeltorte ist mit einer sahnigen Ananascreme gefüllt.

Für Gäste

Apfeltorte

Tipp der Bäckerin

Statt Backpulver kann man dem Biskuitteig einen Schuss Cognac beigeben. Das lässt den Tortenboden wunderbar hoch werden.

Springform von 20 cm Ø

Für den Teig:

- etwas Butter für die Form
- 2 Eier
- 20 g Zucker
- 60 g Mehl, 40 g Speisestärke
- 1/2 TL Backpulver

Für die Füllung:

- 1/2 Zitrone
- 1 1/2 große Äpfel
- 40 g Zucker, 250 g Magerquark
- 1/2 Päckchen Vanillezucker
- 2 EL Calvados oder Apfelsaft
- 75 g Crème fraîche
- 400 g Sahne
- 30 g Schokoraspeln

70 Minuten
25–30 Minuten Backzeit
60 Minuten Kühlzeit

Der französische Apfelbranntwein Calvados hat einen Alkoholgehalt zwischen 38 und 50 Vol. %. Sein besonderes Aroma bekommt er durch Eichenholzfässer, in denen er einige Jahre reift.

1 Den Boden der Form einfetten und kühl stellen. Den Backofen auf 180 °C (Umluft 160 °C, Gas Stufe 2–3) vorheizen.

2 Die Eier trennen. Eiweiß mit 2 Esslöffeln kaltem Wasser steif schlagen, den Zucker einrieseln lassen. Eigelbe unterziehen. Mehl, Stärke und Backpulver mischen, über die Eimasse sieben und vorsichtig unterheben.

3 Den Teig in die Springform füllen und auf der zweiten Schiene von unten 25 bis 30 Minuten backen.

4 Die Form aus dem Ofen nehmen, 5 bis 10 Minuten beiseite stellen, den Boden aus der Form lösen und auskühlen lassen. Einmal waagerecht durchschneiden.

5 Die Zitrone auspressen. Den ganzen Apfel waschen, schälen, halbieren, das Fruchtfleisch würfeln. 20 Gramm Zucker, Zitronensaft und 2 Esslöffel Wasser aufkochen. Die Apfelstückchen dazugeben und 3 Minuten garen. Abtropfen lassen. Den Sud auffangen. Einen verstellbaren Tortenring oder den Springformrand um den unteren Tortenboden schließen.

6 Für die Füllung Quark, Vanillezucker, Calvados oder Apfelsaft, restlichen Zucker und Crème fraîche verrühren. 200 Gramm Sahne steif schlagen. Mit den Apfelstücken unter die Quarkmasse heben. In die Form füllen. Den zweiten Boden auflegen und 60 Minuten kühl stellen.

7 Den halben Apfel schälen, entkernen, in Spalten schneiden, kurz im Sud dünsten und abtropfen lassen. Die restliche Sahne steif schlagen und die Torte damit bestreichen. Mit Sahnerosetten, Raspelschokolade und den Apfelspalten garnieren.

Zum Geburtstag

Orangen-Buttermilch-Torte

Springform von 20 cm Ø
Für den Teig:
Backpapier
etwas Butter für die Form
3 EL Orangenmarmelade
120 ml Sojaöl
3 Eier, 125 g Zucker
1 EL abgeriebene Schale von
1 unbehandelten Orange
250 g Mehl
1 1/2 TL Backpulver, 1 Prise Salz
100 g Buttermilch
50 ml Orangenlikör (Cointreau)
Für die Füllung:
250 g weiche Butter
170 g Puderzucker
2 EL Orangenmarmelade
1 EL abgeriebene Schale von
1 unbehandelten Orange
2 cl Orangenlikör
Zum Dekorieren:
40 g Mandelblättchen
1 kleine Orange

50 Minuten
35–40 Minuten Backzeit

1 Den Boden der Form mit Backpapier auslegen, den Rand einfetten und die Form kühl stellen. Den Backofen auf 200 °C (Umluft 180 °C, Gas Stufe 3–4) vorheizen.

2 Die Orangenmarmelade durch ein Sieb streichen. Öl, Eier und Zucker hinzufügen und schaumig schlagen. Orangenschale, Mehl, Backpulver und Salz unter die Eimasse rühren. Buttermilch mit Likör verquirlen und der Masse beifügen.

3 Den Teig in die Springform füllen und auf der zweiten Schiene von unten 35 bis 40 Minuten backen.

4 Die Form aus dem Ofen nehmen, 10 Minuten beiseite stellen, den Tortenboden aus der Form lösen und auf einem Kuchengitter auskühlen lassen. Den erkalteten Boden einmal waagerecht durchschneiden.

5 Butter mit Puderzucker schaumig rühren, Marmelade, Orangenschale und Likör unterheben.

6 Den oberen Boden mit der Wölbung nach unten auf eine Tortenplatte legen und mit 1/3 der Orangencreme füllen. Den zweiten Boden darauf setzen und die Torte mit der restlichen Creme bestreichen.

7 Die Mandeln in einer Pfanne ohne Fett etwas anrösten und den Rand der Torte damit bestreuen. Die Orange einschließlich der weißen Haut schälen, filetieren und die Torte mit den Filets garnieren.

Tipp der Bäckerin

Diese Torte gewinnt sehr an Aroma, wenn man sie einige Zeit kalt stellt und durchziehen lässt.

Orangenschalenstreifen sorgen für das leicht bittere Aroma von Orangenmarmelade. Wer das nicht mag, kann die Marmelade einfach durch ein Sieb streichen.

Eine Sommertorte

Erdbeerzauber

Springform von 20 cm Ø
Für den Teig:
etwas Butter für die Form
3 Eier
75 g Zucker
100 g Mehl
1 TL Backpulver
Für die Füllung:
200 g Erdbeeren
400 g Sahne
1 EL Zucker
65 g Sahnequark
100 g Frischkäse
2 EL Erdbeermarmelade
Puderzucker
1/2 Päckchen Tortenguss
1 EL Zucker
1/8 l Wasser oder Obstsaft

70 Minuten
20–25 Minuten Backzeit

1 Die Springform leicht einfetten und in den Kühlschrank stellen. Den Backofen auf 200 °C (Umluft 180 °C, Gas Stufe 3–4) vorheizen.

2 Die Eier trennen. Eigelbe mit Zucker schaumig rühren. Eiweiß steif schlagen und vorsichtig unterheben. Mehl mit Backpulver mischen, über die Eimasse sieben und hineinmelieren.

3 Den Teig in die Springform füllen, glatt streichen und auf der zweiten Schiene von unten 20 bis 25 Minuten backen.

4 Die Form aus dem Ofen nehmen, 6 bis 8 Minuten beiseite stellen, den Tortenboden auf ein Gitter setzen und auskühlen lassen. Den kalten Boden waagerecht in der Mitte durchschneiden, das Oberteil mit der Wölbung nach unten auf eine Tortenplatte legen.

5 Die Erdbeeren waschen, entstielen, trockentupfen und je nach Größe halbieren oder vierteln.

6 Die Sahne mit dem Zucker schnittfest schlagen, Quark und Frischkäse mischen und unter die Sahne ziehen. Die Hälfte der Erdbeeren dazugeben und unterheben.

7 Den unteren Teil des Bodens mit der Erdbeermarmelade bestreichen, darauf die Erdbeersahne verteilen, den Deckel darauf setzen.

8 Die Torte mit Puderzucker bestäuben, mit den restlichen Erdbeeren belegen.

9 Den Tortenguss nach Anweisung mit Zucker und Wasser oder Obstsaft kochen, etwas abkühlen lassen und mit einem Esslöffel über die Erdbeeren geben.

Variation:
Für diese Torte können natürlich auch andere Früchte verwendet werden, z. B. Mandarinen, Pfirsiche, Birnen, Mangos, Kirschen oder Himbeeren. Von den größeren Früchten müssen die Schnitze entsprechend klein geschnitten werden.

Tipp der Bäckerin 

Wird diese Torte mit anderen Früchten gefüllt, kann man für die Füllung statt Erdbeermarmelade auch Orangen- oder die neutralere Aprikosenmarmelade verwenden.

Diese Torte hat den Namen »Erdbeerzauber« nicht zu Unrecht.

Tipp der Bäckerin

Diese Torte kann auch mit Mandeln oder Walnüssen zubereitet werden.

Für kühle Festtage

Haselnusstorte

Springform von 20 cm Ø
Für den Teig:
Backpapier
etwas Butter für die Form
3 Eier
90 g Zucker
1/2 Päckchen Vanillezucker
80 g Mehl, 1 1/2 TL Backpulver
80 g gemahlene Haselnüsse
Für die Füllung:
200 g Sahne
10 ml Orangenlikör (Cointreau)
50 g Zartbitterkuvertüre
Zum Dekorieren:
200 g Sahne, 8–10 Haselnusskerne
50 g geriebene Zartbitterkuvertüre oder Schokoladenraspel

50 Minuten
25–30 Minuten Backzeit

1 Den Boden der Springform mit Backpapier auslegen, den Rand leicht einfetten und kühl stellen. Den Backofen auf 200 °C (Umluft 180 °C, Gas Stufe 3–4) vorheizen.

2 Die Eier trennen. Eigelbe mit 3 Esslöffeln heißem Wasser schaumig schlagen, Zucker und Vanillezucker einrieseln lassen. Eiweiß steif schlagen und unterheben. Mehl und Backpulver unterziehen. Die Nüsse dazugeben.

3 Den Teig in die Form füllen und auf der zweiten Schiene von unten 25 bis 30 Minuten backen.

4 Die Form kurz beiseite stellen, den Tortenboden auf einem Kuchengitter abkühlen lassen und einmal durchschneiden.

5 Für die Füllung die Sahne steif schlagen, den Likör hineinmelieren, die Kuvertüre reiben und unterheben. Die obere Hälfte mit der Wölbung nach unten auf eine Platte legen, die Sahnemasse darüber streichen und den Deckel auflegen.

6 Die Sahne steif schlagen, mit 2/3 die Torte bestreichen. Den Rest in einen Spritzbeutel füllen und die Torte nach Belieben verzieren. Mit Haselnusskernen garnieren. Den Rand mit Kuvertüre oder Schokoladenraspeln bestreuen.

Etwas aufwändig

Leni-Torte

Springform von 20 cm Ø
Für den Teig:
etwas Butter für die Form
3 Eier, 50 g Zucker
150 g Vollmilchschokolade
50 g gemahlene Haselnüsse
1 EL Mehl
Für den Belag:
2 kleine Bananen
1 Päckchen klarer Tortenguss
200 g Sahne
8 Schokoladenblätter

60 Minuten
25–30 Minuten Backzeit

1 Die Form einfetten, kühl stellen. Den Backofen auf 200 °C (Umluft 180 °C, Gas Stufe 3–4) vorheizen.

2 Die Eier trennen. Eigelbe mit 3 Esslöffeln heißem Wasser und Zucker cremig aufschlagen. Die Schokolade im heißen Wasserbad schmelzen, die Hälfte davon mit Haselnüssen und Mehl unter den Teig rühren. Eiweiß steif schlagen und unterheben.

3 Den Teig in die Springform füllen und 25 bis 30 Minuten backen. Die Form aus dem Ofen nehmen, 5 bis 10 Minuten beiseite stellen, den Tortenboden aus der Form lösen und völlig abkühlen lassen.

4 Einen verstellbaren Tortenring um den Boden legen. Die Bananen schälen, halbieren und auf den Kuchen legen. Den Tortenguss nach Anweisung kochen, über die Bananen gießen und fest werden lassen.

5 Die Sahne steif schlagen, die Hälfte über den Bananen verteilen, die andere Hälfte in einen Spritzbeutel füllen und kühl stellen.

6 Die restliche geschmolzene Schokolade über die Sahne streichen und fest werden lassen. Mit dem Spritzbeutel acht Rosetten aufspritzen, jede mit 1 Schokoladenblatt dekorieren.

Wer sahnige Schokotorten und Bananen mag, muss die raffinierte Leni-Torte unbedingt ausprobieren.

Tipp der Bäckerin

Anstelle der Bananen können auch gedünstete Birnen (aus der Dose) verwendet werden.

Locker und leicht

Philadelphia-Mandarinen-Torte

Die Frischkäsetorte schmeckt auch mit anderen Früchten. Erdbeeren oder Himbeeren können Sie püriert unter die Creme heben und die Torte mit ganzen Beeren garnieren.

Der mild säuerliche Geschmack von Frischkäse passt sowohl zu herzhaften als auch zu süßen Speisen.

Springform von 20 cm Ø

Für den Teig:

- Backpapier
- etwas Butter für die Form
- 3 Eier
- 100 g Zucker
- 1/2 Päckchen Vanillezucker
- 100 g Mehl
- 1/2 Päckchen Backpulver

Für die Füllung:

- 2 kleine Dosen Mandarinen
- 150 g Doppelrahm-Frischkäse
- 2 EL Zucker
- 300 g Sahne

Zum Verzieren:

- 200 g Sahne

60 Minuten
25–30 Minuten Backzeit

1 Den Boden der Form mit Backpapier auslegen, den Rand einfetten und die Form kühl stellen. Den Backofen auf 180 °C (Umluft 160 °C, Gas Stufe 2–3) vorheizen.

2 Die Eier trennen. Eigelbe mit 3 Esslöffeln Wasser schaumig schlagen. Zucker und Vanillezucker einrieseln lassen. Eiweiß steif schlagen und unterheben. Mehl und Backpulver über die Eimasse sieben und vorsichtig unterheben.

3 Den Teig in die Form füllen, glatt streichen und auf der zweiten Schiene von unten 25 bis 30 Minuten backen. Die Mandarinen in ein Sieb geben und abtropfen lassen.

4 Die Form 5 bis 10 Minuten beiseite stellen, den Tortenboden auf einem Kuchengitter erkalten lassen. Den Boden zweimal waagerecht durchschneiden.

5 Um den Boden einen verstellbaren Tortenring oder den Springformrand schließen. Frischkäse mit Zucker cremig rühren, die Mandarinen (bis auf einen Rest zum Dekorieren) unterheben. Sahne sehr steif schlagen und unter die Frischkäsemasse heben.

6 Die Hälfte der Mandarinencreme auf den unteren Boden füllen, den zweiten Boden darauf legen, mit der restlichen Creme bestreichen und den Deckel darauf legen.

7 Die Sahne sehr steif schlagen. Den Tortenring lösen und die Torte bis auf 4 Esslöffel mit der Sahne rundherum bestreichen. Die restliche Sahne in einen Spritzbeutel füllen und Rosetten aufspritzen. Mit den Mandarinenstücken garnieren.

Braucht etwas Zeit

Ananastorte

Springform von 20 cm Ø
Für den Teig:
etwas Butter für die Form
Backpapier
3 Eier
80 g Honig
1/2 EL Butter
100 g Mehl
1/2 TL Backpulver
Für die Füllung:
1 kleine Dose Ananasringe
1 kleine Dose Ananasstücke
400 g Sahne
1 Päckchen Vanillezucker

60 Minuten
25–30 Minuten Backzeit

1 Den Rand der Springform leicht einfetten, den Boden mit Backpapier auslegen, die Form kühl stellen. Den Backofen auf 180 °C (Umluft 160 °C, Gas Stufe 2–3) vorheizen.

2 Die Eier trennen. Eigelbe mit Honig so lange schlagen, bis eine dicke, cremige Masse entsteht. Eiweiß steif schlagen und unterheben.

3 Die Butter erwärmen. Mehl und Backpulver mischen, über die Eimasse sieben und vorsichtig unterheben. Die Butter hinzufügen.

4 Den Teig in die Springform füllen, glatt streichen und auf der zweiten Schiene von unten 25 bis 30 Minuten backen.

5 Ananasringe und -stücke in ein Sieb geben und abtropfen lassen.

6 Die Form 5 bis 10 Minuten beiseite stellen, den Tortenboden aus der Form lösen und auf einem Gitter abkühlen lassen. Zweimal waagerecht durchschneiden.

7 Die Ananasstücke pürieren. Die Sahne mit Vanillezucker schnittfest schlagen.

8 Einen Tortenring oder den Springformrand um den Boden schließen. Mit 2 Esslöffeln Sahne, 3 Esslöffeln Ananaspüree und wiederum 2 Esslöffeln Sahne bestreichen. Den zweiten Boden darauf legen und den Vorgang wiederholen. Mit dem dritten Boden bedecken.

9 Die Torte rundherum ebenfalls mit Sahne bestreichen und mit den Ananasringen garnieren. Restliche Sahne in einen Spritzbeutel mit Stern- oder Rosettentülle füllen und in die Mitte der Ananas jeweils einen großen Tupfer spritzen.

Die frische Ananas ist sehr kalorienarm, enthält viel Beta-Karotin, Vitamin B und Kalzium. Außerdem besitzt sie ein eiweißspaltendes Enzym, das entschlackend und verdauungsfördernd wirkt.

Wenn Sie eine reife Ananas frisch kaufen können, sollten Sie diese den Früchten aus der Dose nicht nur aus geschmacklichen Gründen vorziehen.

Tiramisutorte sollte, wenn man sie aus dem Kühlschrank genommen hat, noch am gleichen Tag verzehrt werden.

Der Klassiker der italienischen Süßspeisen, das Tiramisu, hier einmal in einer vollwertigen Version für die gesunde Kaffeetafel.

Für Schleckermäuler

Vollwert-Tiramisutorte

Springform von 20 cm Ø

Für den Teig:
- etwas Butter für die Form
- 3 Eier
- 85 g Honig
- 120 g Dinkelvollkornmehl
- 1 TL Weinstein-Backpulver
- 1 Messerspitze Vanillepulver

Für die Füllung:
- 1 Ei
- 65 g Honig
- 1/2 TL Johannisbrotkernmehl
- 300 g Mascarpone (italienischer Frischkäse)

Zum Tränken:
- 150 ml kalter Kaffee
- 2 EL Cognac

Zum Verzieren:
- 2 TL Kakaopulver

60 Minuten
10–15 Minuten Backzeit
1–2 Tage Ruhezeit

1 Die Springform einfetten und kühl stellen. Den Backofen auf 200 °C (Umluft 180 °C, Gas Stufe 3–4) vorheizen.

2 Eier, 3 Esslöffel heißes Wasser und Honig mit dem Handrührer so lange rühren, bis eine dicke, cremige Masse entstanden ist. Den Handrührer dabei nicht ganz bis zum Boden des Gefäßes halten.

3 Mehl in eine Schüssel sieben, mit Backpulver und Vanillepulver mischen, die Eimasse darüber geben und unterheben.

4 Den Teig in die Springform füllen, glatt streichen und auf der zweiten Schiene von unten 10 bis 15 Minuten backen. Garprobe machen.

5 Die Form aus dem Ofen nehmen, 5 bis 10 Minuten beiseite stellen, den Tortenboden aus der Form lösen und auf einem Kuchengitter auskühlen lassen. Zweimal waagerecht durchschneiden.

6 Für die Füllung Ei und Honig mit dem Handrührgerät zu einer dicken, cremigen Masse rühren, Johannisbrotkernmehl und Mascarpone dazugeben und kräftig aufschlagen.

7 Einen verstellbaren Tortenring oder den Springformrand um den unteren Boden schließen. Kaffee mit Cognac mischen.

8 Den unteren Boden mit 4 Esslöffeln Cognac-Kaffee tränken, darauf die Hälfte der Creme streichen. Den zweiten Boden darauf legen und den Vorgang wiederholen. Als Abschluss den dritten Boden darauf legen, mit dem restlichen Kaffee tränken und mit gesiebtem Kakaopulver bestäuben.

9 Die Torte 1 bis 2 Tage gut zugedeckt im Kühlschrank durchziehen lassen. Vorsicht bei Fremdgerüchen im Kühlschrank! Vor dem Servieren nochmals mit etwas Kakaopulver bestäuben.

Geht schnell

Pfirsichtorte

Obstboden von 22 cm Ø
Für den Teig:
etwas Butter für die Form
2 Eier, 50 g Zucker
1/2 Päckchen Vanillezucker
60 g Mehl
40 g Speisestärke
1 TL Backpulver
Für die Creme:
50 g Magerquark
100 g Sahne
1 EL Orangensaft
1 EL Orangenlikör (Cointreau)
Für den Belag:
1 kleine Dose Pfirsiche
1/2 Päckchen klarer Tortenguss
1 EL Zucker
1/8 l Obstsaft

Anstelle der Pfirsiche können auch kurz in Weißwein gedünstete Williams Christbirnen verwendet werden.

50 Minuten
15 Minuten Backzeit

1 Die Form einfetten und kühl stellen. Den Backofen auf 200 °C (Umluft 180 °C, Gas Stufe 3–4) vorheizen.

2 Die Eier trennen. Die Eigelbe mit Zucker und Vanillezucker schaumig rühren. Eiweiß mit 2 Esslöffeln kaltem Wasser steif schlagen und unter die Masse ziehen. Mehl, Speisestärke und Backpulver mischen, darüber sieben und einarbeiten.

3 Den Teig in die Obstbodenform füllen und auf der zweiten Schiene von unten 15 Minuten backen.

4 Die Pfirsiche in ein Sieb geben und gut abtropfen lassen.

5 Die Form aus dem Ofen nehmen, 5 bis 10 Minuten beiseite stellen und den Tortenboden auf einem Gitter völlig erkalten lassen.

6 Den Quark cremig rühren. Sahne steif schlagen, mit Quark vermengen, Saft und Likör unterheben und alles auf dem Boden verteilen. Pfirsiche in Spalten schneiden und fächerförmig auf die Torte legen.

7 Den Tortenguss mit Zucker und Saft nach Anweisung kochen und die Torte damit überziehen.

Nur für Erwachsene

Orangentorte

Springform von 20 cm Ø
Für den Teig:
etwas Butter für die Form
200 g Butter, 150 g Zucker
3 Eier, 1 EL Rum
200 g Mehl, 1 TL Backpulver
Für die Füllung:
150 g Orangenmarmelade
80 ml Orangenlikör (Cointreau)
400 g Sahne, 1 1/2 EL Vanillezucker
1 EL Puderzucker
Zum Verzieren:
1 Dose Mandarin-Orangenstücke
Schokoraspeln

50 Minuten
40–45 Minuten Backzeit

1 Die Springform einfetten und kühl stellen. Den Backofen auf 180 °C (Umluft 160 °C, Gas Stufe 2–3) vorheizen.

2 Butter mit Zucker schaumig schlagen, nach und nach die Eier und den Rum unterrühren. Mehl und Backpulver darüber sieben und einarbeiten.

3 Den Teig in die Springform füllen, auf der mittleren Schiene 40 bis 45 Minuten backen. Die Mandarin-Orangen abtropfen lassen.

4 Die Form 5 bis 10 Minuten beiseite stellen, den Tortenboden aus der Form lösen und auf einem Gitter völlig erkalten lassen. Zweimal waagerecht durchschneiden.

5 Orangenmarmelade mit Likör vermischen. Die Sahne mit Vanille- und Puderzucker steif schlagen.

6 Den oberen Boden mit der Rundung nach unten auf eine Kuchenplatte legen. Je 1/3 der Marmelade und knapp 1/3 der Sahne auf den Tortenböden verteilen, zusammensetzen. Mit der restlichen Sahne den Rand bestreichen und mit Schokoraspeln bestreuen. Die Oberfläche mit Stücken der Mandarin-Orangen garnieren.

Besonders raffiniert sieht es aus, wenn die Schichten der Torte noch zu sehen sind und die Sahne nur zwischen den Teiglagen verteilt wird.

Es muss nicht immer Cointreau sein. Verwenden Sie stattdessen einmal Grand Marnier, ebenfalls ein Orangenlikör, der noch weicher und runder im Aroma ist.

Braucht etwas Zeit

Vollwert-Schmandtorte

Schmand ist ein Sauerrahm mit einem Fettgehalt von mindestens 24 Prozent. Er schmeckt besonders fein und cremig.

Springform von 20 cm Ø

Für den Teig:

etwas Butter für die Form

140 g Dinkelvollkornmehl

50 g gemahlene Mandeln

1 TL Weinstein-Backpulver

70 g Honig

1 Messerspitze Vanillepulver

70 g Butter

Für die Füllung:

2 mittelgroße Äpfel

50 g Rosinen

250 g Schmand

70 g Honig

1 Päckchen Vanille- oder Mandelpuddingpulver oder fein gemahlener Reis

125 g Sahne

40 Minuten
30 Minuten Ruhezeit
60 Minuten Backzeit

Springformen werden am besten direkt nach dem Backen gereinigt und zum vollständigen Trocknen in den noch warmen Backofen gestellt.

1 Die Springform einfetten und in den Kühlschrank stellen. Den Backofen auf 200 °C (Umluft 180 °C, Gas Stufe 3–4) vorheizen.

2 Dinkelmehl mit den Mandeln und dem Backpulver mischen. Honig, Vanille und Butter hinzufügen. Alles rasch zu einem Mürbeteig verkneten. Zugedeckt 30 Minuten ruhen lassen.

3 Den Teig in die Springform kneten, einen 2 Zentimeter hohen Rand andrücken. Auf der zweiten Schiene von unten 10 Minuten backen.

4 Die Äpfel waschen, schälen, entkernen, das Fruchtfleisch würfeln. Mit den Rosinen vermischen und auf dem Teig verteilen.

5 Schmand, Honig und Puddingpulver oder den gemahlenen Reis miteinander verrühren. Die Sahne steif schlagen und unterheben. Die Masse auf die Apfel-Rosinen-Schicht streichen.

6 Den Backofen auf 180 °C (Umluft 160 °C, Gas Stufe 2–3) herunterschalten. Auf der zweiten Schiene von unten 50 Minuten backen: 25 Minuten bei geschlossener Backofentür und 25 Minuten bei leicht geöffneter Ofentür. Sie klemmen dazu am besten einen Kochlöffel oder einen Korkuntersetzer in die Tür.

Variation:
Für die Füllung können anstelle von Äpfeln mit Rosinen auch Birnen mit Ingwerstückchen oder Stachelbeeren verwendet werden.

Für Gäste

Streusel-Birnen-Torte

Springform von 20 cm Ø
Für den Streuselboden:
etwas Butter für die Form
60 g Butter
150 g Mehl
1 TL Backpulver
1 Eigelb
2 EL Zitronensaft
60 g Zucker
Für die Füllung:
1 kleine Dose Williams Christbirnen
30 g Butter
40 g Zucker
2 EL Zitronensaft
200 g Magerquark
1 Eigelb
1 EL Grieß
2 Eiweiß

45 Minuten
35–40 Minuten Backzeit

1 Die Williams Christbirnen aus der Dose in ein Sieb geben und gut abtropfen lassen.

2 Die Springform einfetten und in den Kühlschrank stellen. Den Backofen auf 200 °C (Umluft 180 °C, Gas Stufe 3–4) vorheizen.

3 Die Butter zerlassen. Mehl und Backpulver zusammen sieben. Das Eigelb, Zitronensaft, die flüssige Butter, Zucker, Mehl und Backpulver miteinander verrühren und dann mit den Fingern zu nicht allzu kleinen Streuseln verarbeiten.

4 Für die Füllung Butter und Zucker schaumig rühren. Zitronensaft, Quark, Eigelb und Grieß zugeben und alles glatt rühren. Eiweiß steif schlagen und vorsichtig unterheben.

5 Von den Streuseln 2/3 in die Springform geben und andrücken. Die Quarkmasse darüber füllen und glatt streichen. Die Birnenhälften darauf verteilen und die restlichen Streusel darüber streuen. Auf der mittleren Schiene 35 bis 40 Minuten backen.

6 Die Form aus dem Ofen nehmen, 5 bis 10 Minuten auf die Seite stellen. Die Torte aus der Form lösen und erkalten lassen.

Birnen reifen bei Zimmertemperatur schnell nach und sollten am besten im Kühlschrank gelagert werden.

Tipp der Bäckerin

Rohe, nicht gebackene Streusel eignen sich gut zum Einfrieren. Sie sind etwa 4 Monate haltbar. Verpacken Sie die Streusel portionsweise in Beuteln oder Dosen. Sie können noch gefroren auf den Kuchen gestreut und gleich gebacken werden. Die Streusel tauen aber auch bei etwa 20 °C in 1 bis 2 Stunden auf.

Statt Birnen aus der Dose können Sie auch einmal frische (geschält und halbiert), in Rotwein gedünstete Birnen verwenden.

Mit Schuss

Mit Alkohol verfeinerte Kuchen und Torten sind etwas Besonderes. Wer kennt nicht den zarten Duft von Süße und den Hauch spezieller Aromen? Dies bewirkt die Würzkraft von Rum, Cognac und hochwertigen Likören, mit denen die Gebäcke getränkt oder die Füllungen aromatisiert wurden.

So beliebt alkoholisiertes Gebäck bei Erwachsenen ist, so sollte es nur auf dem Tisch stehen, wenn keine Kinder mitessen.

Für kühle Tage

Rotweinkuchen

Tipp der Bäckerin

Schokolade lässt sich am besten reiben, wenn sie etwa 30 Minuten im Kühlschrank war.

Springform mit Rohrbodeneinsatz von 20 cm Ø
etwas Butter für die Form
2 Eier
100 g weiche Butter
100 g Zucker
2 TL Kakaopulver
1 Päckchen Vanillezucker
1 TL Zimt
180 g Mehl
1/2 Päckchen Backpulver
150 ml Rotwein
100 g Zartbitterschokolade
2 Eiweiß
Puderzucker

30 Minuten
30–35 Minuten Backzeit

Der Sahne-Whiskey Baileys ist eine Mischung aus irischer Sahne, irischem Whiskey und natürlichen Aromastoffen. Sein Alkoholgehalt beträgt 17 Vol. %.

1 Die Springform einfetten und in den Kühlschrank stellen. Den Backofen auf 180 °C (Umluft 160 °C, Gas Stufe 2–3) vorheizen.

2 Die Eier trennen. Butter und Zucker schaumig rühren. Die Eigelbe nacheinander dazugeben. Kakao, Vanillezucker und Zimt unterrühren.

3 Mehl und Backpulver über die Eimasse sieben und einarbeiten. Den Rotwein darunter rühren.

4 Die Schokolade grob reiben. Eiweiß steif schlagen und zusammen mit der Schokolade vorsichtig unter den Teig heben.

5 Den Teig in die Form füllen und glatt streichen. Auf der zweiten Schiene von unten 30 bis 35 Minuten backen.

6 Die Form aus dem Ofen nehmen, 5 bis 10 Minuten beiseite stellen. Den Rotweinkuchen auf ein Gitter stürzen und völlig erkalten lassen. Mit Puderzucker bestäuben.

Etwas Besonderes

Baileys-Kuchen

Gugelhupfform von 16 cm Ø
Für den Teig:
etwas Butter für die Form
2 Eier
100 g Zucker
1 Päckchen Vanillezucker
150 ml Öl
125 ml Baileys (Sahne-Whiskey)
150 g Mehl
1 1/2 TL Backpulver
Für den Guss:
100 g Puderzucker
2–3 EL Baileys (Sahne-Whiskey)

35 Minuten
30–35 Minuten Backzeit

1 Die Gugelhupfform einfetten und kühl stellen. Den Backofen auf 200 °C (Umluft 180 °C, Gas Stufe 3–4) vorheizen.

2 Eier, Zucker und Vanillezucker schaumig schlagen. Öl und den Sahne-Whiskey hinzufügen und glatt rühren. Mehl und Backpulver vermengen, über die Mischung sieben und einarbeiten.

3 Den Teig gleichmäßig in die Gugelhupfform füllen, glatt streichen und den Kuchen auf der zweiten Schiene von unten 30 bis 35 Minuten backen. Unbedingt die Garprobe machen.

4 Die Form aus dem Ofen nehmen, 5 bis 10 Minuten beiseite stellen, den Gugelhupf auf ein Kuchengitter stürzen und auskühlen lassen.

5 Puderzucker mit Whiskey glatt rühren, den Kuchen damit überziehen oder den Guss in dicken Streifen von oben nach unten fließen und trocknen lassen.

Tipp der Bäckerin

Den Kuchen nach Belieben mit Schokoraspeln oder Schokostreuseln auf dem noch feuchten Guss dekorieren.

Durch die Zugabe von Sahne-Whiskey wird aus einem einfachen Rührkuchen eine Köstlichkeit.

Geht schnell

Sektkuchen

Sektkuchen ist hervorragend geeignet, wenn sich unverhoffter Besuch ankündigt. Der Kuchen gelingt immer und schmeckt wunderbar.

Gugelhupfform von 16 cm Ø
etwas Butter für die Form
50 g Bitterschokolade
100 g Butter
100 g Zucker
1 Päckchen Vanillezucker
2 Eier
100 g Mehl
1/2 Päckchen Backpulver
80 g gemahlene Haselnüsse
2 TL Pulverkaffee
15 g Kakaopulver
100 ml Sekt
Puderzucker

30 Minuten
35–40 Minuten Backzeit

Der Schaumwein Sekt entsteht bei der zweiten Gärung von Wein durch die Zugabe von Zucker und Weinhefe.

1 Die Gugelhupfform einfetten und in den Kühlschrank stellen. Den Backofen auf 200 °C (Umluft 180 °C, Gas Stufe 3–4) vorheizen.

2 Die Schokolade reiben. Butter, Zucker, Vanillezucker und Eier schaumig schlagen. Mehl und Backpulver mischen, über den Teig sieben und unterrühren.

3 Schokolade mit Haselnüssen, Kaffeepulver, Kakao und Sekt in den Teig einarbeiten.

4 Den Teig in die Gugelhupfform füllen und auf der mittleren Schiene 35 bis 40 Minuten backen. Garprobe machen.

5 Die Form aus dem Ofen nehmen, 5 bis 10 Minuten beiseite stellen, den Gugelhupf auf ein Kuchengitter stürzen und auskühlen lassen. Mit Puderzucker bestäuben.

Ein Winterkuchen

Gewürzkirschkuchen

Springform mit Rohrbodeneinsatz von 20 cm Ø
350 g Sauerkirschen (aus dem Glas)
etwas Butter für die Form
100 g Butter
100 g Zucker
1/2 Päckchen Vanillezucker
2 Eier
1 Prise Salz
1/2 TL gemahlener Zimt
1 Messerspitze gemahlene Nelken
2 cl Mandellikör (Amaretto)
80 g Mehl
1 TL Backpulver
80 g gemahlene Mandeln
Puderzucker

40 Minuten
30–35 Minuten Backzeit

1 Kirschen gut abtropfen lassen. Backform einfetten und in den Kühlschrank stellen. Backofen auf 200 °C (Umluft 180 °C, Gas Stufe 3–4) vorheizen.

2 Butter, Zucker und Vanillezucker cremig rühren, nach und nach Eier, Gewürze und Amaretto einarbeiten. Mehl mit Backpulver mischen, über den Teig sieben und einarbeiten. Die Mandeln unterziehen.

3 2/3 des Teiges in die Form füllen, die Kirschen darauf verteilen und leicht andrücken, den Rest des Teiges darüber streichen. Auf der zweiten Schiene von unten 30 bis 35 Minuten backen. Garprobe machen.

4 Die Form aus dem Ofen nehmen, 5 bis 10 Minuten beiseite stellen, aus der Form lösen und auf einem Kuchengitter erkalten lassen. Mit Puderzucker bestäuben.

Für große Schleckermäuler

Eierlikörkuchen

Gugelhupfform von 16 cm Ø
Für den Teig:
etwas Butter für die Form
2 Eier, 75 ml Öl
75 ml Eierlikör
1/2 Päckchen Vanillezucker
90 g Puderzucker
90 g Speisestärke
3 EL Mehl
1/2 Päckchen Backpulver
Für den Guss:
125 g Puderzucker
1 EL Eierlikör, 1 EL Milch

40 Minuten
20–25 Minuten Backzeit

1 Die Gugelhupfform leicht einfetten und in den Kühlschrank stellen. Den Backofen auf 190 °C (Umluft 175 °C, Gas Stufe 2–3) vorheizen.

2 Eier, Öl, Eierlikör und Vanillezucker mit den Quirlen des Handrührgeräts schaumig rühren. Puderzucker, Speisestärke, Mehl und Backpulver miteinander mischen, über die Eimasse sieben und vorsichtig unterrühren.

3 Den Teig in die Gugelhupfform füllen, glatt streichen und auf der zweiten Schiene von unten 20 bis 25 Minuten backen Die Garprobe machen.

4 Die Form aus dem Ofen nehmen und 5 bis 10 Minuten beiseite stellen. Den Gugelhupf auf ein Kuchengitter stürzen und etwa 30 Minuten auskühlen lassen.

5 Für den Guss Puderzucker mit Eierlikör und Milch glatt verrühren. Den Kuchen damit überziehen und trocknen lassen.

Tipp der Bäckerin

Ganz gleich, zu welchem Zweck Sie Eierlikör verwenden, achten Sie darauf, dass Sie nur die beste Qualität erwerben. So haben Sie eine Garantie dafür, dass der Eierlikör aus frischem Hühnereigelb hergestellt wurde. Farbstoffe und Dickungsmittel sind nicht erlaubt.

Eierlikör war ursprünglich ein Ersatzgetränk für die bei den Holländern beliebte, aus den Tropen bekannte Mischung aus Avocados, Alkohol und Zucker.

Der Eierlikörkuchen schmeckt auch mit einem Schokoladenguss köstlich.

Für Gäste

Schokotorte mit Eierlikör

Springform von 20 cm Ø

Für den Teig:
- etwas Butter für die Form
- 3 Eier
- 40 g Butter
- 60 g Zucker
- 100 g gemahlene Mandeln
- 50 g Schokoraspeln
- 1 TL Backpulver
- 1 EL Rum
- 75 ml Eierlikör

Für den Belag:
- 200 g Sahne
- 1 TL Zucker
- Eierlikör nach Belieben

45 Minuten
25–30 Minuten Backzeit

1 Die Springform leicht einfetten und in den Kühlschrank stellen. Den Backofen auf 200 °C (Umluft 180 °C, Gas Stufe 3–4) vorheizen.

2 Die Eier trennen. Butter und Zucker schaumig rühren, die Eigelbe nach und nach zugeben. Gemahlene Mandeln, Schokoraspeln, Backpulver, Rum und Eierlikör unterrühren. Eiweiß steif schlagen und vorsichtig unterheben.

3 Den luftigen Teig in die Springform füllen und 25 bis 30 Minuten auf der zweiten Schiene von unten backen.

4 Die Form aus dem Ofen nehmen, nach 5 bis 10 Minuten den Kuchen aus der Form lösen und auf einem Gitter auskühlen lassen.

5 Die Sahne mit Zucker schnittfest schlagen. Die Hälfte der Sahne auf die Torte häufen und glatt streichen, die andere Hälfte in einen Spritzbeutel mit Sterntülle füllen und damit kleine Tupfer am Rand der Torte dicht aneinander spritzen.

6 Den Eierlikör mit einem Löffel gleichmäßig auf die Oberfläche der Torte träufeln.

Tipp der Bäckerin

Den Boden für diese Torte backt man am besten am Vortag, damit er gut durchziehen kann.

Für die Schokotorte mit Eierlikör sollte am besten edle Zartbitter- oder Bitterschokolade verwendet werden.

Braucht etwas Zeit

Apfelweinkuchen

Tipp der Bäckerin

Um Springformen leichter mit dem Teig auszukleiden, gibt es kleine Nudelhölzer, mit denen man gut bis in die Rundung der Form gelangt.

Springform von 20 cm Ø

Für den Teig:
- 100 g Mehl
- 1/2 TL Backpulver
- 60 g kalte Butter
- 100 g Zucker
- 1/2 Päckchen Vanillezucker
- 1 Ei
- etwas Butter für die Form

Für die Füllung:
- 400 g säuerliche Äpfel (Boskop oder Jonathan)
- 2 TL Zitronensaft
- 270 ml Apfelwein (Cidre) oder Apfelmost
- 1 Päckchen Vanillepuddingpulver
- 100 g Zucker

Zum Dekorieren:
- 200 g Sahne
- 1 Päckchen Vanillezucker
- etwas Kakao- oder Zimtpulver

Der besonders in Hessen beliebte Apfelwein wird aus vergorenem Apfelmost hergestellt und hat einen Alkoholgehalt von mindestens 5 Vol. %.

45 Minuten
45–50 Minuten Backzeit

1 Auf einer Arbeitsplatte Mehl mit Backpulver mischen, die kalte Butter rasch in kleine Stücke darüber schneiden und alles mit Zucker, Vanillezucker und Ei möglichst schnell und mit kühlen Händen zu einem glatten, geschmeidigen Mürbeteig verkneten. Zu einer Kugel formen, in Klarsichtfolie wickeln und 30 Minuten kühl stellen.

2 Die Springform einfetten und in den Kühlschrank stellen. Den Backofen auf 180 °C (Umluft 160 °C, Gas Stufe 2–3) vorheizen.

3 Die Äpfel schälen, halbieren, entkernen, das Fruchtfleisch in kleine Würfel schneiden und mit Zitronensaft beträufeln.

4 Den Apfelwein oder -most mit Puddingpulver und Zucker unter Rühren aufkochen. Nach Belieben noch etwas Zucker beifügen.

5 Mit der Hälfte des Teigs den Boden der Form auskleiden, mit der anderen Hälfte einen 4 bis 5 Zentimeter hohen Rand andrücken.

6 Die Apfelwürfel mit der Puddingmasse vermengen und auf dem Teigboden verteilen. Den Kuchen auf der zweiten Schiene von unten 45 bis 50 Minuten backen.

7 Die Form aus dem Ofen nehmen, 5 bis 10 Minuten beiseite stellen. Den Kuchen aus der Form nehmen, auf ein Gitter setzen und erkalten lassen.

8 Die Sahne mit Vanillezucker schnittfest schlagen. In einen Spritzbeutel mit großer Sterntülle füllen und Wellenlinien auf die Oberfläche des Kuchens spritzen. Mit Kakao oder Zimt bestäuben.

Lässt sich gut vorbereiten

Cognac-Kuchen

Springform von 20 cm Ø
Für den Teig:
etwas Butter für die Form
3 Eier
125 g Schokolade
30 g Haselnüsse
150 g Butter
100 g Zucker
1 EL Rum
150 g Mehl
1/2 EL Backpulver
1 Prise Salz
Für die Füllung:
150 ml Cognac
4 EL Aprikosenkonfitüre
Für den Guss:
150 g Kuvertüre oder Schokoladenglasur

60 Minuten
35–40 Minuten Backzeit
3–4 Tage zum Durchziehen

1 Die Springform (Boden und Rand) einfetten und in den Kühlschrank stellen. Den Backofen auf 200 °C (Umluft 180 °C, Gas Stufe 3–4) vorheizen.

2 Die Eier trennen. Schokolade reiben und Haselnüsse mahlen. Butter und Zucker schaumig rühren, nach und nach die Eigelbe unterrühren. Nüsse, Schokolade und Rum einarbeiten. Mehl und Backpulver miteinander mischen, über die Masse sieben und unterrühren.

3 Eiweiß mit Salz steif schlagen und vorsichtig unterheben. Den Teig in die Springform füllen und auf der zweiten Schiene von unten 35 bis 40 Minuten backen.

4 Die Form aus dem Ofen nehmen. Mit einem Holzstäbchen mehrmals in den noch heißen Kuchen einstechen, mit Cognac tränken und abkühlen lassen. Dann erst den Kuchen aus der Form lösen.

5 Die Aprikosenkonfitüre erhitzen, durch ein Sieb rühren und den Kuchen damit bestreichen, damit die Oberfläche ganz glatt wird.

6 Kuvertüre oder Schokoladenglasur im heißen Wasserbad schmelzen, den Kuchen damit überziehen und trocknen lassen.

7 In einer luftdichten Dose oder in Klarsichtfolie verpackt 3 bis 4 Tage durchziehen lassen.

Tipp der Bäckerin

Dieser Kuchen sollte wirklich lange durchziehen können. So entfaltet er voll sein unvergleichliches Aroma. Ideal als Geschenk!

Auch wenn roher Teig verführerisch aussieht, sollte man ihn wegen der Gefahr einer Salmonelleninfektion nicht probieren.

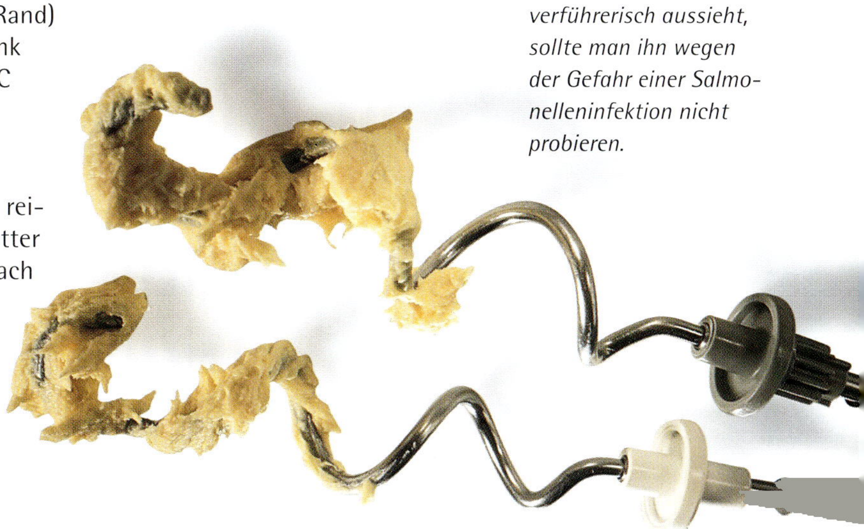

Tipp der Bäckerin

Nach Belieben kann man kurz vor dem Servieren etwas Sahne-Whiskey in die Mulden gießen.

Nur für Erwachsene

Baileys-Torte

Springform von 20 cm Ø
Für den Teig:
etwas Butter für die Form
3 Eier, 120 g Puderzucker
125 g weiche Butter, 125 g Mehl
1/2 Päckchen Backpulver
Für die Füllung:
65 ml starker kalter Kaffee
65 ml Baileys (Sahne-Whiskey)
Zum Dekorieren:
250 g Sahne
1 Päckchen Vanillezucker
Schokoraspeln

45 Minuten
35–40 Minuten Backzeit

1 Die Springform einfetten und in den Kühlschrank stellen. Den Backofen auf 180 °C (Umluft 160 °C, Gas Stufe 2–3) vorheizen.

2 Die Eier trennen. Die Eigelbe mit 45 Gramm Puderzucker und der Butter cremig rühren. Eiweiß mit 75 Gramm Puderzucker steif schlagen und vorsichtig unterheben. Mehl und Backpulver über die Eimasse sieben und unterziehen.

3 Den Teig in die Springform füllen und auf der zweiten Schiene von unten 35 bis 40 Minuten backen.

4 Die Form aus dem Ofen nehmen, nach 5 bis 10 Minuten den Kuchen aus der Form lösen und abkühlen lassen.

5 Mit einem dünnen Kochlöffel den Kuchen etwa 12-mal einstechen. Kaffee mit Sahne-Whiskey mischen und gleichmäßig in die Löcher gießen.

6 Die Sahne mit Vanillezucker schnittfest schlagen und die Torte ringsherum dick damit bestreichen. Mit einem Löffel auf die Oberfläche ein paar Mulden in die Sahne drücken und diese mit Schokoraspeln bestreuen.

Etwas Besonderes

Spanischer Mandelkuchen

Springform von 20 cm Ø
Für den Teig:
1/2 Vanilleschote
100 g Mehl
60 g Butter
30 g Zucker
1 Ei
1 Prise Salz
etwas Butter für die Form
Für die Füllung:
100 g ungeschälte Mandeln
2 Eier
40 g Zucker
2 EL Cream Sherry
abgeriebene Schale von
1/2 ungespritzten Zitrone
1 Prise Salz
Puderzucker

40 Minuten
30 Minuten Kühlzeit
30–35 Minuten Backzeit

Der spanische Mandelkuchen ist nicht nur für die Kaffeetafel, sondern auch als Nachspeise einfach köstlich.

1 Die Vanilleschote der Länge nach aufschlitzen und das Mark herauskratzen. Mehl auf die Arbeitsplatte sieben, die Butter in Flöckchen dazugeben, Zucker, Ei, Salz und Vanillemark hinzufügen und alles zu einem glatten Mürbeteig verkneten. Den Teig in Klarsichtfolie wickeln und 30 Minuten kühl stellen.

2 Die Springform einfetten und kühl stellen, den Backofen auf 200 °C (Umluft 180 °C, Gas Stufe 3–4) vorheizen.

3 Die Mandeln mit kochendem Wasser überbrühen, abschrecken, schälen und die Kerne fein mahlen.

4 Die Eier trennen. Eigelbe mit Zucker schaumig schlagen. Mandeln, Sherry und Zitronenschale unterrühren. Eiweiß mit Salz steif schlagen und unter die Eigelbmasse heben.

5 Mit dem Teig Boden und Rand der Form auskleiden. Die Füllung auf den Teig geben, auf der mittleren Schiene 10 Minuten backen, dann mit Alufolie abdecken und weitere 20 bis 25 Minuten backen.

6 Die Form aus dem Ofen nehmen und nach 5 bis 10 Minuten den Kuchen aus der Form lösen und auf einem Gitter erkalten lassen. Mit Puderzucker bestäuben.

Tipp der Bäckerin

Wenn es schnell gehen muss, kann man auch schon gemahlene Mandeln verwenden. Für einen intensiveren Mandelgeschmack gibt man zwei bis drei bittere Mandeln hinzu.

Auch wenn Mandeln im Volksmund zu den Nüssen gezählt werden, sind sie im botanischen Sinn Schalenobst.

Amaretto im Winter

Mandelkuchen mit Schuss

Kastenform von 20 cm Länge

Für den Teig:
- etwas Butter für die Form
- 125 g Butter
- 125 g Zucker, 3 Eier
- 2 EL Mandellikör (Amaretto)
- 150 g Mehl
- 1 1/2 TL Backpulver
- 100 g gemahlene Mandeln

Für den Guss:
- 200 g Zartbitterkuvertüre
- 2 EL gehackte Mandeln

40 Minuten
30–35 Minuten Backzeit

Portugal, Kalifornien und Australien sind die größten Anbauländer für Mandeln. Die qualitativ besten Mandeln kommen jedoch aus Italien und aus den spanischen Regionen Valencia, Alicante, Malaga und nicht zuletzt aus Mallorca.

1 Die Kastenform einfetten und in den Kühlschrank stellen. Den Backofen auf 180 °C (Umluft 160 °C, Gas Stufe 2–3) vorheizen.

2 Butter und Zucker schaumig rühren, Eier und Mandellikör nach und nach hineinrühren, bis eine cremige Masse entsteht. Mehl und Backpulver miteinander vermengen, über die Eimasse sieben und zusammen mit den Mandeln unterziehen.

3 Den Teig in die Kastenform füllen, glatt streichen und auf der zweiten Schiene von unten 30 bis 35 Minuten backen. Unbedingt die Garprobe machen.

4 Die Form aus dem Ofen nehmen, 5 bis 10 Minuten beiseite stellen. Den Kuchen auf ein Gitter stürzen und vollständig auskühlen lassen.

5 Die Kuvertüre im heißen Wasserbad schmelzen, den Kuchen damit überziehen und den noch feuchten Guss mit den gehackten Mandeln bestreuen.

Variation für den Guss:
100 Gramm Puderzucker mit 2 Esslöffeln Mandellikör glatt rühren, den kalten Kuchen damit bestreichen und ebenfalls mit gehackten Mandeln bestreuen.

Der bekannte italienische Mandellikör Amaretto weist eine dezente bittere Süße auf. Man trinkt ihn pur, im Kaffee und in Mixgetränken und verwendet ihn auch gern zum Verfeinern von Süßspeisen und Gebäck.

Rezeptregister

Die Autorin

Gabriele Wahl-Merle ist selbstständige Werbekauffrau und hauptsächlich für die Firma Kaiser Backformen tätig. Dabei hat sie im Lauf der Jahre einen großen Fundus an Rezepten selbst entwickelt. Die große Nachfrage ihrer Kunden und die Prämierungen aus dem Haus Kaiser motivierten sie, ein Backbuch für kleine Backformen zu schreiben.

Der Fotograf

Aufgewachsen auf dem flachen Land in Schleswig-Holstein, lebt der Fotograf Michael Holz seit 15 Jahren in Hamburg. In seinem Studio auf St. Pauli arbeitet er heute für viele Verlage und Werbeagenturen. Hier realisiert er am liebsten Projekte, bei denen er seine Erfahrungen aus der intensiven Arbeit in den unterschiedlichsten Gebieten der Fotografie kombinieren kann – von Landschaftsfotografie über Beauty und People bis zu Arbeiten für die Musikbranche. Aktuelle Arbeiten sind im Internet unter www.zauberhaus.com zu sehen.

Dank

Wir bedanken uns bei der Firma Kaiser Backformen für die freundliche Unterstützung.

Bildnachweis

Alle Bilder stammen von Michael Holz, Hamburg, mit Ausnahme von Südwest Verlag, München: Freisteller

Hinweis

Impressum

Ungekürzte Lizenzausgabe 2003 für Tosa Verlagsgesellschaft mbH, Wien

Der Südwest Verlag ist ein Unternehmen der Ullstein Heyne List GmbH & Co. KG.

Lektorat: Brunhilde Thauer
Projektleitung: Alexandra Endres
Bildredaktion: Gabriele Feld
Food-Fotografie: Michael Holz
Produktion: Manfred Metzger (Leitung), Annette Aatz
Layout: Manuela Hutschenreiter
Covergestaltung: Joseph Koó
DTP: Maren Scherer, München

Printed in Italy

Gedruckt auf chlor- und säurearmem Papier